Kohlhammer

Die Autoren

Dr. Maike Hausen ist Leiterin der Abteilung »Medien« der Landeszentrale für politische Bildung Baden-Württemberg, wo sie unter anderem die wissenschaftliche Zeitschrift »Bürger & Staat« verantwortet. Die Historikerin ist Lehrbeauftragte an den Universitäten Mannheim und Tübingen.

Prof. Dr. Reinhold Weber ist Stellvertretender Direktor der Landeszentrale für politische Bildung Baden-Württemberg. Er lehrt am Seminar für Zeitgeschichte der Universität Tübingen und ist ordentliches Mitglied der Kommission für geschichtliche Landeskunde in Baden-Württemberg.

Maike Hausen/Reinhold Weber

Die RAF

Eine Beziehungsgeschichte von Terrorismus, Staat, Medien und Gesellschaft

Verlag W. Kohlhammer

Dieses Werk einschließlich aller seiner Teile ist urheberrechtlich geschützt. Jede Verwendung außerhalb der engen Grenzen des Urheberrechts ist ohne Zustimmung des Verlags unzulässig und strafbar. Das gilt insbesondere für Vervielfältigungen, Übersetzungen, Mikroverfilmungen und für die Einspeicherung und Verarbeitung in elektronischen Systemen.
Es konnten nicht alle Rechtsinhaber von Abbildungen ermittelt werden. Sollte dem Verlag gegenüber der Nachweis der Rechtsinhaberschaft geführt werden, wird das branchenübliche Honorar nachträglich gezahlt.

Dieses Werk enthält Hinweise/Links zu externen Websites Dritter, auf deren Inhalt der Verlag keinen Einfluss hat und die der Haftung der jeweiligen Seitenanbieter oder -betreiber unterliegen. Zum Zeitpunkt der Verlinkung wurden die externen Websites auf mögliche Rechtsverstöße überprüft und dabei keine Rechtsverletzung festgestellt. Ohne konkrete Hinweise auf eine solche Rechtsverletzung ist eine permanente inhaltliche Kontrolle der verlinkten Seiten nicht zumutbar. Sollten jedoch Rechtsverletzungen bekannt werden, werden die betroffenen externen Links soweit möglich unverzüglich entfernt.

Umschlagabbildung: Sitzgelegenheiten im Foyer des ehemaligen Mehrzweckgebäudes der Justizvollzugsanstalt Stuttgart-Stammheim (picture alliance/dpa/Marijan Murat)

1. Auflage 2025

Alle Rechte vorbehalten
© W. Kohlhammer GmbH, Stuttgart
Gesamtherstellung: W. Kohlhammer GmbH, Heßbrühlstr. 69, 70565 Stuttgart
produktsicherheit@kohlhammer.de

Print:
ISBN 978-3-17-029218-5

E-Book-Formate:
pdf: ISBN 978-3-17-029219-2
epub: ISBN 978-3-17-029220-8

Inhalt

1 Einleitung 7

2 Forschungslage 13

3 **Die Geschichte der RAF – drei Generationen des »bewaffneten Kampfes«** 19
   3.1 Die erste Generation – Terrorismus der Post-Revolte 19
   3.2 Die zweite Generation – der Deutsche Herbst 41
   3.3 Die dritte Generation – neue Phase des »bewaffneten Kampfes« und Zerfall 49

4 **Die Mythen der RAF – Inszenierungen zum Selbsterhalt** 55
   4.1 Selbstheroisierung als »revolutionäre Avantgarde« 56
   4.2 »Bewaffneter Kampf« 58
   4.3 »Vernichtungshaft« und »Isolationsfolter« 61
   4.4 Der Mythos der »Gefangenenmorde« 68

5 **Deutsche Befindlichkeiten: Analysen und Deutungen** 72
   5.1 Zeitgenössische Gesellschaftsanalysen 72
   5.2 Individualpsychologische Ansätze und Personenmythen 79
   5.3 Die RAF und die »Frauenfrage« 90
   5.4 Wege in die Gewalt 95

6	**Staat und Gesellschaft im Zeichen des Terrorismus**	**99**
6.1	Anti-Terror-Politik und Innere Sicherheit	100
6.2	Justizskandale, das Gericht als Bühne und Krisenstäbe	106
6.3	Gesellschaft im Zeichen der Terrorbekämpfung ...	112
6.4	*Moral panic*, Sympathisantendiskurs und gesellschaftspolitische Polarisierungen	116
6.5	»Kollateralschäden« und Sprachbilder des Krieges	125
7	**Linksterrorismus in transnationaler Perspektive**	**131**
7.1	Die RAF als Teil des »Kampfes in den Metropolen«	133
7.2	Naher Osten: Militarisierung und Rückzug	135
7.3	Italien: »Traumland der Revolution«	137
7.4	Frankreich: Europäische Guerilla gemeinsam mit der *Action directe*	144
7.5	Wie international war die RAF?	146
8	**Ausblick: Was bleibt von der RAF?**	**153**
8.1	Die RAF als (pop-)kulturelles Phänomen	154
8.2	Ein Erinnerungsort für die RAF?	157
8.3	Die RAF als Referenzrahmen für »alten« und »neuen« Terrorismus	160
Literatur		**163**
Abbildungsverzeichnis		**174**

1 Einleitung

Wohl kein Thema hat die Deutschen seit dem Ende des Zweiten Weltkriegs so lange und so intensiv beschäftigt wie der Terrorismus der Roten Armee Fraktion (RAF). Der Schrecken, den die RAF mit ihren Verbrechen verbreitet hat, hat sich tief in den kollektiven Erfahrungshaushalt der Deutschen eingegraben. Der Terrorismus der RAF war die größte innenpolitische Herausforderung der »alten« Bonner Republik und hat das Land nachhaltig verändert. Innerhalb der fast 30 Jahre ihres Bestehens, von ihrer Gründung im Jahr 1970 bis zur selbstverkündeten Auflösung im Jahr 1998, hat die RAF das Land immer wieder in Atem gehalten.

Keine andere politisch motivierte und organisierte Gruppierung in Deutschland hat eine ähnliche Bilanz des Schreckens hinterlassen. Insgesamt 34 Mordopfer gehen auf das Konto der RAF, davon zehn Vertreter von Staat, Justiz und Industrie sowie sieben Soldaten bzw. Angestellte der US-Streitkräfte in der Bundesrepublik. Darüber hinaus wurden zwölf Polizei- oder Zollbeamte, vier Fahrer bzw. Begleiter sowie eine völlig unbeteiligte Frau ermordet. Hinzu kommen deutlich über 200 zum Teil schwer Verletzte, geschätzte 250 Millionen Euro Sachschaden sowie allein über 30 Banküberfälle, die der RAF sicher zugeschrieben werden können. Die Terroristen bedienten sich rund 100 konspirativer Wohnungen und stahlen etwa 200 Autos. Nicht zutage treten in dieser Aufzählung die psychischen Folgen für die Opfer und deren Angehörige sowie für ›einfache‹ Passanten, die durch bloßen Zufall in das Geschehen einbezogen wurden, weil sie zur falschen Zeit am falschen Ort waren.

Aber die RAF hat nicht nur Individuen ermordet oder schwer geschädigt, sondern auch Staat, Justiz, Politik und Gesellschaft verändert. Die Maßnahmen gegen den Terrorismus aufseiten des Staates waren gewaltig. Enorm war auch der Aufwand für die (Untersuchungs-)Haft und für die Gerichtsverhandlungen gegen die RAF-Mitglieder. In Stuttgart-Stammheim wurde eigens für die RAF-Prozesse ein neues Mehrzweckgebäude neben der Justizvollzugsanstalt errichtet. Die Baukosten für die Erweiterung beliefen sich auf rund zwölf Millionen D-Mark. Mit seinem Hochsicherheitstrakt wurde »Stammheim« zur Chiffre und zum in Beton gegossenen Sinnbild staatlicher Gewalt – je nach zeitgenössischer Perspektive verstanden als »wehrhafte Demokratie« oder als Teil der »staatlichen Repressionsmaschinerie«. »Stammheim«, die Trutzburg auf dem ehemals »schwäbischen Rübenacker« (*Spiegel*, 19.05.1975), wurde zum politisch und moralisch aufgeladenen Symbolbegriff der bundesdeutschen Rechtsgeschichte. Das hatte mit der Prominenz der RAF-Häftlinge zu tun, aber auch mit der Doppelfunktion als Justizvollzugsanstalt *und* Gerichtsort sowie mit der zeitlichen Parallelität von Justizvollzug und Verschärfung der Strafprozessordnung. Bemerkenswert war der Prozess in Stammheim auch, weil nach einem zweijährigen Strafverfahren zwar ein Urteil gesprochen wurde (u. a. gegen zwei Angeklagte, die bereits nicht mehr lebten), das jedoch nie rechtskräftig wurde, weil die noch lebenden Verurteilten vor der Entscheidung über eine Revision des Urteils Suizid begingen.

Als Reaktion auf die terroristische Bedrohung wurden zahlreiche neue Gesetze erlassen und das bundesdeutsche Strafrecht sowie die Strafprozessordnung mit Änderungen versehen, die zum größten Teil heute noch gültig sind. Wegen des Vorwurfs der Mitgliedschaft oder Unterstützung einer kriminellen bzw. terroristischen Vereinigung (§§ 129 und 129a StGB) kam es zu tausenden von Ermittlungsverfahren. Mehr als eine Million sichergestellte Objekte wurden gesammelt, etwa elf Millionen Seiten Ermittlungsakten wurden gefüllt. Vor allem aber bleibt die Erinnerung der Bevölkerung an ein kollektives Bedrohungsgefühl und an höchst kontroverse Debatten über das spannungsreiche Verhältnis von Sicherheit und Freiheit. Durch die islamistisch motivierten Anschläge seit »9/11«, den rechtsextremen Terror unter anderem durch den »Nationalsozialistischen Untergrund« (NSU) und zuletzt durch neue Fahndungserfolge zur dritten RAF-Generation hat beides an aktuellem Bezug gewonnen. Immer wieder wird die Frage aufgeworfen, was die bundesdeutsche Gesellschaft aus der Auseinandersetzung mit dem Ter-

1 Einleitung

Abb. 1: Deutscher Herbst – das brutale Morden der RAF hält die Republik in Atem. Mit Fahndungsplakaten wird – wie hier in Karlsruhe – nach den RAF-Terroristen gesucht.

rorismus der 1970er-Jahre ›gelernt‹ hat. Geblieben sind vor allem auch zahlreiche offene Fragen zur RAF und zu einzelnen ihrer Verbrechen.

Die RAF ist keinesfalls ein abgeschlossenes Kapitel in der Geschichte der Bundesrepublik. Das liegt nicht nur am Reiz der revolutionären Romantik, die manchen »Alt-68er« angesichts der Thematik überkommen mag. Vielmehr wird das öffentliche Interesse an der RAF nicht abebben, solange Opfer oder deren Angehörige leben und solange Täter sowie deren Verantwortlichkeiten nicht detailliert bekannt sind. So sind etwa die Mordanschläge auf Generalbundesanwalt Siegfried Buback (1977), den Vorstandssprecher der Deutschen Bank Alfred Herrhausen (1989) oder den Präsidenten der Treuhandanstalt Detlev Rohwedder (1991) bis heute nicht vollständig aufgeklärt. Die heftigen Kontroversen um die RAF-Ausstellung in Berlin (2003), die Diskussionen um die Freilassung von Brigitte Mohnhaupt und die Begnadigung von Christian Klar (2007) bzw. die Debatte bei seiner Haftentlassung (2009), der neu aufgerollte Prozess gegen Verena Becker in Stammheim (2010) und zuletzt die Festnahme von Daniela Klette (2024) belegen dies. Vor allem das Beispiel von Verena Becker macht deutlich, dass die selbstauferlegte Schweigepflicht der RAF-Mitglieder, ein der Mafia und ihrer *Omertà* (»Schweigepflicht«) entlehnter Verhaltenskodex, weiterhin funktioniert: Die noch lebenden Täter verharren weiterhin in selbstgerechtem Schweigen. Zwar hat sich die an der Schleyer-Entführung beteiligte Silke Maier-Witt im Herbst 2017 zu einer Geste durchgerungen und Jörg Schleyer, den Sohn von Hanns Martin Schleyer, in einem persönlichen Gespräch um Verzeihung gebeten. Mehr als bereits bekannte Fakten sind aber weder hierbei noch in der Autobiografie der früheren Terroristin (Maier-Witt 2025) zutage getreten.

Nun könnte man gespannt auf weitere ›Enthüllungsliteratur‹ von ehemaligen RAF-Mitgliedern warten, vielleicht auch auf Memoiren noch lebender Politiker oder Anwälte, die sich etwa im Umkreis der RAF-Verteidigerbüros bewegt haben. Aber zum einen verstecken sich diese Zeitzeugen hinter ihrem Argument des Mandantenschutzes (selbst wenn diese Mandanten gar nicht mehr leben), zum anderen ist höchst fraglich, ob sich damit die zahlreichen offenen Fragen rund um die RAF beantworten ließen. Auch die bisher gemachten Erfahrungen vor allem mit den tendenziösen literarischen Bewältigungsversuchen von sogenannten Ex-Terroristen zeigen, dass deren Informationen nur selten verlässlich sind. Vielleicht ließen sich Lücken in der Geschichte der RAF schließen, wenn es Auskünfte von Verfassungsschützern gäbe, die aber ebenfalls beharrlich schweigen oder sich noch immer weigern, der Forschung Akten freizugeben. So ist zum Beispiel die zentrale Undercover-Tätigkeit von Peter Urbach als *agent provocateur* in der Gründungsphase der RAF noch immer genauso unbeleuchtet wie andere dubiose Praktiken des Verfassungsschutzes, etwa beim »Celler Loch«. Im Rahmen dieser »Aktion Feuerzauber« genannten Operation hatte der niedersächsische Verfassungsschutz im Juli 1978 ein Loch in die Außenmauer der JVA Celle sprengen lassen, um einen von der RAF durchgeführten Befreiungsversuch eines inhaftierten Terroristen vorzutäuschen und so angeblich einen Informanten in die RAF einschleusen zu können.

Vielleicht ist das Ziel, die noch lebenden RAF-Mitglieder zum ›Auspacken‹ zu bringen, aber auch nur über eine Generalamnestie zu erreichen, wie sie von unterschiedlicher Seite immer wieder vorgeschlagen wird. Carolin Emcke, Publizistin und Patentochter von Alfred Herrhausen, hat darüber hinaus 2016 eine Art »Wahrheitskommission« nach südafrikanischem Vorbild vorgeschlagen, um die Mauer des Schweigens zu durchbrechen (Emcke 2016: 98–103). Eventuell ließe sich so auch die im Frühjahr 2016 bekannt gewordene »Beschaffungskriminalität« von immer noch im Untergrund lebenden RAF-Mitgliedern verhindern. Denn erstmals nach vielen Jahren führten Spuren, die bei Raub- und Banküberfällen hinterlassen worden waren, zu Mitgliedern der letzten Generation der RAF, die den Ausstieg aus der Illegalität verpasst und offensichtlich nicht an ihre Altersvorsorge gedacht hatten. Wie »unzeitgemäße Gespenster ihrer eigenen Vergangenheit«, so Carolin Emcke am 20. Mai 2016 in der *Süddeutschen Zeitung*, seien sie in der Gegenwart aufgetaucht, in der sie jedoch »keinen Resonanzraum mehr finden«. Das große mediale Echo nach der Festnahme Daniela Klettes, die in diesem Zuge bekannt gewordene mutmaßliche Unterstützung aus der linken Szene für die Untergetauchten und vereinzelte Solidaraktionen für die Inhaftierte zeigen jedoch, dass dieser Resonanzraum weiterhin – wenn auch in deutlich kleinerem Ausmaß – existiert.

Auch für die Zeitgeschichte ist die RAF ein Thema der Superlative. Bücher zum Thema füllen kleine Bibliotheken und die RAF sorgt für beste Verkaufszahlen sowie für Besucherrekorde bei Ausstellungen. Kaum ein anderes zeitgeschichtliches Thema hat so viel Niederschlag in Film, Literatur, Theater und Kunst gefunden. Die im steten Rhythmus von zehn Jahren kulminierende öffentliche Aufmerksamkeit rund um das Thema RAF belegt auch, dass der Deutsche Herbst 1977 nicht nur um den Aspekt Terrorismus kreist, sondern immer auch eine Auseinandersetzung über das Selbstverständnis der Bundesrepublik ist. Wie reagiert eine Demokratie auf terroristische Bedrohungen? Wie löst ›der Staat‹ im Spannungsfeld von staatlichem Gewaltmonopol und liberaler Rechtsstaatlichkeit sein Sicherheitsversprechen gegenüber seinen Bürgerinnen und Bürgern ein? Wie wird dabei das komplexe Verhältnis von staatlicher Macht und Bürgerfreiheit (neu) ausgehandelt? Nicht zuletzt: Welche Rolle spielen dabei Justiz, Rechtssystem und Medien?

Terrorismus setzt Gesellschaften – demokratische und offene Gesellschaften zumal – einem Stresstest aus. Er provoziert Krisen, erschüttert die strukturellen und normativen Grundlagen eines Gemeinwesens und katapultiert immer wieder neue Fragen nach der Legitimation staatlichen

1 Einleitung

Handelns auf die politische Agenda. Terrorismus zielt also auf das »Herz des Staates« (Moerings u. a. 1988). Er verändert Staaten und Gesellschaften, und er fordert sie heraus, über ihr Selbstverständnis und ihr Handlungsrepertoire nachzudenken und sich zu rechtfertigen. Angesichts neuer Formen terroristischer Gewalt in Deutschland und der Welt sind diese Fragen nicht nur von höchster Aktualität, sondern auch eine Herausforderung für die Zeitgeschichte. Zwar werden gelegentlich vor allem von Angehörigen der RAF-Opfer Warnungen geäußert, durch das Ausmaß des globalen Terrors seit »9/11« und mit der zunehmenden Einbettung des RAF-Terrorismus in den größeren zeitgeschichtlichen sowie sozial- und kulturwissenschaftlichen Kontext der Entwicklungslinien seit den 1970er-Jahren bestehe die Gefahr, dass die RAF historisiert und ihre brutalen Verbrechen bagatellisiert würden. Dennoch ist die Auseinandersetzung mit der RAF ein Paradebeispiel für eine gegenwartsbezogene Zeitgeschichte. Denn die Bundesrepublik und andere westliche Staaten haben seit den 1970er-Jahren Erfahrungen mit terroristischen Herausforderungen gemacht, die einerseits im kollektiven Erfahrungsspeicher verankert sind, die aber andererseits einen staatlich-politischen Entwicklungspfad kennzeichnen, der sich durch die gesamte jüngere Geschichte zieht und zum Beispiel das Politikfeld Innere Sicherheit geschaffen, dynamisch verändert und bis heute geprägt hat.

Petra Terhoeven (Terhoeven 2022: 7) hat – ein Zitat von Walter Laqueur aufgreifend – mit Nachdruck dargelegt, warum »so viel über so wenige geschrieben worden ist«. Die bisweilen »morbide Faszination« an den »Stadtguerilla-Experimenten« einer kleinen Minderheit radikalisierter »68er« sieht sie darin begründet, dass die RAF vor allem vor dem Hintergrund dreier Themenkomplexe zu sehen sei, über deren Deutung bis heute kontrovers debattiert wird: erstens der Kontext der Nachgeschichte oder der sogenannten »zweiten Geschichte« des Nationalsozialismus in der Bundesrepublik, zweitens die generelle Deutungskontroverse über die internationale »68er«-Bewegung, drittens schließlich der Kontext des modernen Terrorismus.

2 Forschungslage

Die Literatur zum Phänomen des Terrorismus im Allgemeinen und zur RAF im Besonderen ist auch für Experten kaum mehr zu überschauen. Vor allem das global traumatisierende Erlebnis von »9/11« hat die Zahl der Publikationen zum Thema geradezu exponentiell ansteigen lassen. Dennoch ist allein schon bei der Frage, wie Terrorismus zu definieren ist, kein Konsens in der wissenschaftlichen *community* erreicht. Als weithin akzeptierte Arbeitsgrundlage hat sich jedoch die Definition von Peter Waldmann durchgesetzt:

> Terrorismus sind planmäßig vorbereitete, schockierende Gewaltanschläge gegen eine politische Ordnung aus dem Hintergrund. Sie sollen allgemeine Unsicherheit und Schrecken, daneben auch Sympathie und Unterstützungsbereitschaft erzeugen (Waldmann 1998: 10).

Peter Waldmann grenzt damit beispielsweise Staatsterrorismus gegen die eigene Bevölkerung als »staatliche Zwangsstrategie« aus und unterscheidet im Rückgriff auf ältere Arbeiten drei Hauptformen des *gegen* eine politische Ordnung gerichteten Terrorismus (*insurgent terrorism*): den ethnisch-nationalistischen, den religiösen und den sozialrevolutionären Terrorismus, dem auch die RAF zuzuordnen ist.

Lange Zeit war die Literatur zur RAF von journalistischen und populärwissenschaftlichen Arbeiten geprägt (z. B. Stefan Aust, Butz Peters, Michael Sontheimer, Willi Winkler, Sven Felix Kellerhoff u. a.), denen oftmals vorgeworfen wurde, auf ungenügender Quellenbasis zu arbeiten und zu sehr am Ereignis statt an einer Gesellschaftsgeschichte des Terrorismus orientiert zu sein. Hinzu kommen (auto-)biographische und damit stark voreingenommene Arbeiten zur RAF (z. B. von Michael – »Bommi« – Baumann, Birgit Hogefeld, Peter-Jürgen Boock, Inge Viett, Margrit

Schiller, Stefan Wisniewski, Till Meyer, Silke Maier-Witt und anderen). Manche dieser Aussteiger, wie beispielsweise der immer auskunftsbereite, auch »Karl May der RAF« genannte Peter-Jürgen Boock, haben im Lauf der Jahre ihre Aussagen mehrfach geändert oder ihren jeweiligen Gesprächspartnern angepasst. Insgesamt erinnern die ›Bekenntnisse‹ oftmals an *Non-Fiction*-Krimis, bei denen geradezu manipulativ der Wunsch des Lesers geweckt wird, bei den geschilderten ›Abenteuern‹ selbst gerne dabei gewesen zu sein. Über dieser »Aufarbeitungsliteratur« liegt oftmals eine »eigentümliche *coolness* wie eine glatte Patina« (Beckenbach 2005: 249), während in den allerwenigsten Fällen die individuelle Verantwortung und Schuld der Täter thematisiert wird.

Die Forschung hingegen hat sich lange Zeit auf politikwissenschaftliche, sozialwissenschaftliche, juristische oder kriminologische Fragestellungen konzentriert und vor diesem Hintergrund nach den Rahmenbedingungen für die Entstehung und Bekämpfung des Terrorismus in den 1970er-Jahren gefragt. In den letzten 20 Jahren hat sich die Herangehensweise an das Phänomen RAF jedoch inhaltlich und methodisch ausdifferenziert. Ausgehend von der bereits in den 1970er-Jahren formulierten These, dass beim Terrorismus zwar primär physische und psychische Gewalt im Mittelpunkt stehe, es aber doch immer auch um die maßgebliche Verbindung von Gewalt und ihrer öffentlichen Wirkung gehe, haben Forscher wie beispielsweise Walter Laqueur betont, dass Terrorismus auch als Kommunikationsstrategie zu verstehen sei. Damit wurde das Feld hin zu sozial- und kulturwissenschaftlichen Fragestellungen geöffnet. Basierend auf der Annahme, dass Kommunikation auf Botschaften zwischen Sendern und Empfängern besteht sowie einen Kommunikationsraum und Kommunikationsmedien braucht, konzentrierten sich die folgenden Studien auf das Geflecht von Terroristen, potenziellen Unterstützern, Staat, Gesellschaft und Medien. So wurden täterzentrierte, oft eng an die zeitgenössische Berichterstattung angelehnte Darstellungen abgelöst durch Arbeiten, die vor allem die gesellschaftlichen Folgen des Terrorismus in den Blick nahmen. Im Fokus des Interesses standen nun Fragen nach den Wahrnehmungen und Umgangsweisen mit den terroristischen Bedrohungen, nach Deutungen des terroristischen Geschehens durch Akteure aus Politik, Justiz, Medien und Kultur und daraus folgend auf reaktive staatliche Krisenbewältigungs-

2 Forschungslage

strategien, nicht zuletzt auch nach Auswirkungen des Terrorismus auf gesellschaftliche Diskurse, auf Narrative und Sprachbilder im Hinblick auf Aspekte wie Demokratie, Rechtsstaatlichkeit, Pluralismus und Innere Sicherheit. Im Zentrum dieser Versuche, den Terrorismus der RAF stärker sozial- und kulturgeschichtlich zu fundieren, stehen unter anderem die grundlegenden Arbeiten von Wolfgang Kraushaar, Klaus Weinhauer, Hanno Balz sowie – erweitert um die internationale Perspektive – die Forschungen von Petra Terhoeven und Johannes Hürter. Den Mittelpunkt der Überlegungen bildet die Tatsache, dass Terrorismus öffentliche Kommunikation benötigt und erst dadurch Bedeutung und Brisanz erlangt.

In diesen Forschungskontexten sind wesentliche Grundlagen für eine Sozial- und Kulturgeschichte des Terrorismus, der Inneren Sicherheit und des Diskurses über das Staats- und Gesellschaftsverständnis der Bundesrepublik der 1970er- und 1980er-Jahre erarbeitet worden – ergänzt um erste analytische Vergleiche mit anderen westlichen Ländern wie Frankreich, Italien, den Niederlanden, Großbritannien und auch den USA. Gleichzeitig hat die Öffnung der Archive der ehemaligen DDR dafür gesorgt, dass das Thema RAF auch in den Kontext der deutsch-deutschen Beziehungen und der Blockkonfrontation der 1970er- und 1980er-Jahre integriert werden konnte, etwa wenn es um die Frage nach der Unterstützung von RAF-Mitgliedern durch Ostblockstaaten oder speziell durch die Staatssicherheit der DDR geht. Hinzu kommen umfangreiche Forschungen zu einer Diskursgeschichte staatlichen Handelns gegen den Terrorismus, zur Reflexion über das, was Staat eigentlich ist bzw. sein soll, über staatliche Protagonisten und ihre Handlungsmuster, über die Rolle der Justiz sowie über Liberalisierungskonzepte und deren rückläufige Tendenzen.

Mit dem Konzept der *moral panic* hat Hanno Balz ein tragfähiges Konzept geschaffen, um die gesellschaftliche Situation sowie die Rolle der Medien während der »bleiernen Jahre« des RAF-Terrorismus zu analysieren. Seine Arbeiten schaffen die Grundlage für weitere Tiefenbohrungen – zum Beispiel die von Andreas Musolff zum »Kriegszustand« der Terrorjahre – hinsichtlich einer Geschichte der kollektiven Verunsicherung und des öffentlichen Angst-, Krisen- und Emotionsmanagements.

2 Forschungslage

Erneut wird dabei nicht zuletzt die soziale und mediale Konstruktion des Terrorismus deutlich.

Den Blick auf die politische Kultur zur Zeit der RAF schärft Wolfgang Kraushaar, der in zahlreichen Arbeiten den Verbindungen zwischen »1968« und der RAF nachgespürt hat. Diese und andere Forschungen sind von der Frage geleitet, inwieweit das Aufbegehren der ersten Nachkriegsgeneration gegen die eigenen Eltern, die in das NS-Regime verstrickt waren, und gegen die Orientierung der Bundesrepublik am (amerikanischen) Kapitalismus und Imperialismus zur Stärkung radikaler Splittergruppen beigetragen hat – neben der RAF auch anderer terroristischer Gruppierungen wie etwa der »Bewegung 2. Juni«. Aber auch das aus der Studentenbewegung hervorgegangene breite Alternativ- und Protestmilieu, aus dem heraus sich sowohl Unterstützer als auch Terroristen rekrutierten, rückt vermehrt in den Blick der Forschung. Bis heute beschäftigen sich viele Arbeiten mit der Bedeutung dieser Unterstützerkreise und ihrer theorieunterfütterten Nähe zur politischen Gewalt. Darüber hinaus hat Wolfgang Kraushaar mit der Dechiffrierung der »Mythen der RAF« herausgearbeitet, wie es den Terroristen und ihren Unterstützerkreisen gelang, die oftmals totgesagte RAF wie eine vielköpfige Hydra immer wieder aufleben zu lassen. Mittels dieser »Mythen« gelang es, den Terrorismus zumindest für eine gewisse Zeit und in bestimmten Szenen zu legitimieren.

Neben der Analyse der literarischen und filmischen Mythentradierung rund um die RAF (z. B. Cordia Baumann) hat die Forschung anregende Impulse durch den Ansatz erfahren, den Terrorismus und das staatliche Handeln gegen ihn als »performativen Akt« (Beatrice de Graaf) zu verstehen. Terrorismus wird so als »Theater« auf einer großen und öffentlichen Bühne verstanden, auf der es Akteure, Zuschauer, *Performances*, Inszenierungen und Rituale aller Beteiligten gibt. Sicherlich gilt: Die RAF war kein konstruktivistisches Phantom, sondern grausame Realität. Aber solche Ansätze, die mit den Aspekten Inszenierung, Perzeption, Medialisierung und Visualisierung arbeiten, vermögen doch in vielfacher Hinsicht die Perspektive zu weiten.

Eine thematisch und methodisch erweiterte Terrorismusgeschichte lässt sich nur als Gesellschaftsgeschichte schreiben. Ein kurzes Beispiel mag dies belegen: Sowohl Zeitgenossen als auch einzelne Forscher hat immer wieder die Frage umgetrieben, warum vermeintlich so überproportional viele Frauen unter den RAF-Terroristen zu finden seien. Letztendlich führen alle soziologischen oder auch psychopathologischen Untersuchungen bei dieser Frage nicht weiter, denn egal wie man die Statistiken auch dreht und wendet: Über einen längeren Zeitraum hinweg betrachtet war maximal die Hälfte der Mitglieder des engeren Kerns der RAF weiblich, was schlichtweg dem Frauenanteil in der Gesellschaft entspricht. Warum also die Frage? Ganz einfach: Die Beschäftigung mit den Frauen in der RAF fördert einiges zutage über das Frauenbild in der bundesdeutschen Gesellschaft der 1970er-Jahre und über dessen politische Instrumentalisierung in der Auseinandersetzung mit der Neuen Frauenbewegung.

Trotz der großen Fortschritte der letzten Jahre sind nicht nur unter Genderaspekten in der Forschung zum Thema RAF noch zahlreiche Fragen offen. Fast schon traditionell liegt ein Schwerpunkt der wissenschaftlichen Auseinandersetzung mit dem Terrorismus auf den 1970er-Jahren und der ersten Generation der RAF. Zu den 1980er- und 1990er-Jahren liegen hingegen noch ganze Forschungsfelder brach, etwa zu den Anti-Terrorismus-Strategien von Politikern, Parteien und Regierungen, zur Rolle von Justiz und Verfassungsschutz sowie zum Auflösungsprozess der RAF. Das liegt natürlich auch daran, dass viele, vor allem auch staatliche Quellen bislang kaum zugänglich sind. Erst wenn diese Jahrzehnte besser aufgearbeitet sind und der Linksterrorismus damit klar in eine längere Linie einzuordnen ist, wird sich auch das Besondere der 1970er-Jahre akzentuierter herausarbeiten lassen.

Trotz erster Ansätze liegt ein weiterhin vielversprechendes Forschungsfeld bei international vergleichenden Studien mit der Fragestellung, wie und vor welchem historischen Erfahrungs- und Erwartungshorizont unterschiedliche Gesellschaften auf terroristische Herausforderungen reagiert haben und warum diese Provokationen in Ländern wie beispielsweise der Bundesrepublik oder Italien von größter Brisanz waren, während sie in anderen Ländern wie den Niederlanden relativ unaufgeregt bewältigt werden konnten. Ebenso sind die vielen transnationalen Verflechtungen, aber auch die nationalen Besonderheiten des sich häufig als international verstehenden Linksterrorismus der 1970er-Jahre noch nicht in einer umfassenden Studie gebündelt worden.

2 Forschungslage

Offene Punkte bestehen darüber hinaus bei der Frage, wie es der RAF gelingen konnte, nach dem Wendepunkt des Deutschen Herbstes 1977 Akteurin in den linksradikalen Diskursen von gewaltbereiten antiimperialistischen Antifa-Gruppen, autonomen Hausbesetzern und militanten Atomkraftgegner zu werden. Diese diffusen und höchst heterogenen radikalen Milieus, die im Zuge der sogenannten »Jugendrevolte« vor allem in den frühen 1980er-Jahren entstanden sind, wurden bislang kaum untersucht.

Ein anregendes Forschungsfeld bietet auch die Auseinandersetzung mit der Frage, wie sich die Rezeptionsgeschichte der RAF im Laufe der Jahrzehnte verändert hat und wie sich die höchst polarisierten Erinnerungsmuster an den Terrorismus bis heute schrittweise abgeschliffen haben. 40 Jahre nach dem Deutschen Herbst hat das Erinnerungsjahr 2017 doch vor allem gezeigt, dass sich die kontroverse Debatte über die RAF deutlich abgekühlt hat. Auch jüngere Ereignisse wie etwa die Verhaftung Daniela Klettes erzeugen nicht mehr dieselbe emotionale Skandalisierung, wie etwa noch knapp zehn Jahre zuvor die Frage, ob das frühere RAF-Mitglied Christian Klar als Mitarbeiter eines Abgeordneten im Bundestag arbeiten darf. Hier kann zumindest die Vermutung geäußert werden, dass dazu vor allem die breiter angelegte gesellschaftsgeschichtlich fokussierte Zeitgeschichtsforschung beigetragen hat, aber auch die Tatsache, dass in der Öffentlichkeit inzwischen weitaus stärker die Stimmen und Perspektiven der Opfer und ihrer Hinterbliebenen wahrgenommen werden.

3 Die Geschichte der RAF – drei Generationen des »bewaffneten Kampfes«

Trotz mancher Unschärfen bildet die von Wolfgang Kraushaar eingeführte Unterteilung in drei Generationen eine plausible Grundlage für die Strukturierung der Geschichte der RAF. Der Begriff der ›Generation‹ ist in diesem Zusammenhang zwar auf Kritik gestoßen, weil er zum einen zu scharfe Abgrenzungen schaffe. So gehörte schon die erste Generation der RAF keiner einheitlichen Alterskohorte an und das Beispiel Brigitte Mohnhaupt zeigt, dass sie zwar als Kopf der zweiten Generation gilt, aber auch schon der ersten Generation zuzurechnen ist. Zum anderen aber, so die Kritiker, unterstelle das Generationenkonzept eine stringente Genealogie, wo es weder strukturell noch inhaltlich-argumentativ eine ungebrochene Kontinuität gebe. Zudem werde man damit der situativen Dynamik der Entwicklung der RAF nicht gerecht, weil gewissermaßen in der Rückschau suggeriert werde, einer Generation müsse zwangsläufig auch eine weitere folgen. Dennoch ist das RAF-Generationenkonzept in chronologischer und auch inhaltlicher Sicht nicht gänzlich von der Hand zu weisen und wird hier als Strukturmodell näher ausgeführt.

3.1 Die erste Generation – Terrorismus der Post-Revolte

Die erste Generation der RAF ist in ihrer Wahrnehmung stark personalisiert und vor allem mit den Namen Horst Mahler, Andreas Baader,

Gudrun Ensslin und Ulrike Meinhof verbunden. Die Brandanschläge auf zwei Frankfurter Kaufhäuser im April 1968, durchgeführt von Andreas Baader, Gudrun Ensslin, Thorwald Proll und Horst Söhnlein, waren die erste massive Überschreitung der Grenzen des Legitimen und Legalen. Die Aktion, die als Fanal gegen den Vietnamkrieg verstanden werden wollte, fand ein enormes Medienecho. Sie setzte in die Tat um, was in den Flugblättern der »Spaßguerilla« um die Berliner Kommune I und Kommune II im Mai 1967 entworfen worden war. Darin wurde der tragische Brandunfall in einem Brüsseler Kaufhaus, bei dem Hunderte Menschen ums Leben gekommen waren, mit dem Leid der Opfer der Napalmbomben der US-Armee in Vietnam verglichen. Der Frankfurter Kaufhausbrand führte zu einer mehr als siebenmonatigen Untersuchungshaft der Verantwortlichen und zu einem Prozess, bei dem der spätere Grünen-Politiker und SPD-Bundesinnenminister Otto Schily sowie Horst Mahler, eine der ideologischen Leitfiguren unter den Berliner Kommunarden, als Wahlverteidiger auftraten. Nach einer erfolglosen Revision gegen die Verurteilung wegen »versuchter menschengefährdender Brandstiftung« – die Angeklagten sahen ihren kriminellen Akt als »politisches Happening« – und des damit drohenden weiteren Vollzugs der Haftstrafe tauchten Baader, Ensslin und Proll unter und flüchteten zunächst nach Paris. Während Söhnlein und Proll wenig später ihre Haftstrafe antraten, wurde Baader im April 1970 gefasst. Gudrun Ensslin blieb im Untergrund.

Die spektakuläre Befreiung Baaders während einer Ausführung aus der Justizvollzugsanstalt Tegel am 14. Mai 1970, geplant und durchgeführt von Gudrun Ensslin, Horst Mahler und Ulrike Meinhof, gilt gemeinhin als Gründungsdatum der RAF. Zum einen war im Schreiben zur Baader-Befreiung erstmals der Name der Gruppe genannt worden, zum anderen aber setzte mit dem »Berliner Sprung in den Untergrund« der massive Verfolgungsdruck der Behörden ein. Die von Rudi Dutschke und anderen oftmals propagierten gezielten Regelverletzungen, die auch »Gewalt gegen Sachen« einschließen sollten, um Reaktionen der »refaschisierten« Bundesrepublik zu provozieren, und die Befreiung eines Kampfgenossen waren eskaliert, weil bei einem Schusswechsel ein Unbeteiligter schwer und zwei Polizisten leicht verletzt worden waren. Zwar hatten die Beispiele Proll und Söhnlein gezeigt, dass es Ausstiegsmöglichkeiten gab. Aber für die anderen Protagonisten führten Gewalt und Fahndungsdruck

Abb. 2: Sprung in die Illegalität: Nach der Befreiung Andreas Baaders aus der Haft wird im Mai 1970 mit Plakaten nach Ulrike Meinhof gefahndet.

nun zur Isolation, zur starken Binnensolidarisierung und zu einer Gruppenidentität, die den Weg zurück in die Legalität versperrten. Nun war der Weg zum »bewaffneten Kampf« gegen den Staat in Gang gesetzt.

Zerfall und Transformation der »68er«-Bewegung
Die RAF war eines der zahlreichen Spaltprodukte in der postrevolutionären Phase der »68er«-Bewegung. Das aus diesem Zerfalls- und Transformationsprozess hervorgehende neue linke Spektrum gilt es im Folgenden kurz zu skizzieren.

1. In einer Renaissance des Parteikommunismus entstand um 1969/70 – teils aus der Konkursmasse des »Sozialistischen Deutschen Studenten-

bundes« (SDS) und der illegalen KPD – eine ganze Fülle von dogmatischen kommunistischen, trotzkistischen oder maoistischen Parteien, K-Gruppen und Kommunistischen Bünden. Diese verstanden sich zwar als proletarische Avantgarde und kümmerten sich intensiv um die Mobilisierung der Arbeiterklasse, blieben aber letztlich doch ein Projekt von Studierenden und Intellektuellen. Im »roten Jahrzehnt« der 1970er-Jahre (Gerd Koenen) verfügten sie über ein beträchtliches Arsenal an Publikationsorganen und nicht zuletzt mit ihren Hochschulgruppen über eine gute Vernetzung ins universitäre Milieu.

2. Ein weitaus größerer Teil des linken und studentischen Spektrums fühlte sich durch das Versprechen Willi Brandts »Mehr Demokratie wagen« zur SPD hingezogen. Zwischen 1964 und 1973 erlebte die Sozialdemokratie einen fast sagenhaft klingenden Zuwachs von rund 700 000 neuen Mitgliedern, von denen ein beträchtlicher Teil unter 35 Jahre alt war. Auf der einen Seite hatte die SPD durch die Erweiterung des Parteienspektrums auf der linken Seite an Hegemonie verloren. Auf der anderen Seite erlangte sie neue Anziehungskraft für große Teile der jungen Linken, die sich vom Programm der inneren Reformen eine emanzipatorische Umgestaltung der Bundesrepublik versprachen. Insbesondere die Jungsozialisten und die Juso-Hochschulgruppen profitierten – pointiert ausgedrückt – von dieser Gleichsetzung der SPD mit »jung«, »intellektuell« und »links«. Die bislang eher als Parteianhängsel geltenden Jugendorganisationen der SPD wurden nun zu dynamischen Gruppen, die zusammen mit der traditionellen Parteilinken innerhalb der SPD eine (mit sozialistischen Positionen angereicherte) innerparteiliche Opposition bildeten und den Reformdruck auf die Altvorderen in der Gesamtpartei erhöhten. So wurden reformerische Impulse in die SPD getragen, die ohne die APO-Vergangenheit eines guten Teils der Neumitglieder wohl nicht denkbar gewesen wären.

3. Hier sind die jungen undogmatischen Sozialisten und Neomarxisten zu nennen, die der ›alten Tante‹ SPD in ihrem Reformschwung nicht trauten, denen aber die K-Gruppen oder die orthodoxen Kommunisten der Deutschen Kommunistischen Partei (DKP) oder des Marxistischen Studentenbundes Spartakus (MSB) zu dogmatisch und autoritär waren. Diese außerparlamentarische »Neue Linke« fand sich vielfach in

Gruppierungen wie dem »Sozialistischen Büro« (SB) in Offenbach oder beim »Informationsdienst zur Verbreitung unterbliebener Nachrichten« (ID) in Frankfurt wieder. Beide Formationen rekrutierten ihre Anhänger auch aus einem alten Kernbestand der ehemaligen Ostermarschierer und Aktivisten gegen die Notstandsgesetzgebung des Jahres 1968.

4. Der Historiker Sven Reichardt hat das alternative Milieu als Großgruppe analysiert. Hier wurde der postmaterialistische Wertewandel der 1970er-Jahre praktisch gelebt. Die Grenzen zu den SPD-nahen Gruppierungen und auch zu den K-Gruppen sind nicht immer trennscharf zu ziehen. Inhaltlich war das alternative Milieu aber undogmatisch und parteipolitisch nicht oder nur schwach gebunden. In kultureller Hinsicht, in Habitus und Lebensstil, bewegten sich die »Alternativen« einerseits sowie Jungsozialisten und KBW-Maoisten andererseits in gänzlich verschiedenen Lebenswelten. Im Kontext der Neuen Sozialen Bewegungen entstanden jenseits traditioneller parteiorganisatorischer Strukturen Basisbewegungen wie Umwelt-, Anti-AKW-, Frauen-, Friedens- und Dritte-Welt-Gruppen, deren Rückgrat lose organisierte lokale Bündnisse oder Bürgerinitiativen bildeten. Hinzu kam ein buntes Konglomerat von antiautoritären Zusammenschlüssen, Aussteiger- und Landkommunen, aber auch die »Hausbesetzerszene« und (gewaltbereite) Autonome. Reichhardt schätzt den Kern der Linksalternativen auf rund 300 000 bis 600 000 Aktivisten. Allerdings erweiterten schon zeitgenössische Untersuchungen von Meinungsforschern den größeren Kreis dieses alternativen Milieus Ende der 1970er-Jahre auf über fünf Millionen Menschen.

Aus der Forderung nach neuen Partizipations-, Protest- und Lebensformen jenseits der Gewalt und aus der Einsicht in das Scheitern der älteren dogmatischen Ansätze entstanden im Lauf der 1970er-Jahre neue Formen des individuellen politischen Engagements. Im Vordergrund stand dabei die »Politik der ersten Person«, gespeist aus subjektiver Betroffenheit einerseits und Gemeinschaftssuche andererseits. Abgeleitet wurde dieses Lebens- und Politikprinzip aus der »68er«-Formel, wonach das Private politisch sei. Das bedeutete, dass nicht nur im politischen Raum, sondern auch im Alltag alternative Lebensformen gelebt und dadurch Gesellschaft und Politik verändert werden sollten. Die Loslösung von den etablierten Parteien folgte dabei den Prinzipien von Autonomie (selbst aktiv werden), Enthierarchisierung (Bewegung »von unten«), Orientierung an der eigenen Lebenssituation und Bruch mit den Formen des »Bürgerlichen«. Mit beträchtlichem Bündelungspotenzial gingen vor allem aus dieser breiten Bewegung Ende der 1970er-Jahre die Grünen hervor.

5. Eng verbunden mit dieser Gruppe waren kleinere antiautoritäre Gruppierungen, die als proletarische Linke an die linkskommunistische Tradition der 1920er-Jahre anknüpften und nach italienischem Vorbild (z. B. *Lotta Continua* oder *Potere Operaio*) in Fabriken Betriebsgruppen aus Studierenden und Arbeitern bildeten. Während die dogmatische Linke also am Schreibtisch die theoretische Marx- und Mao-Exegese leistete, gründete beispielsweise der »Revolutionäre Kampf« (RK) in Frankfurt eine Betriebsgruppe bei den Opel-Werken in Rüsselsheim. Die Gruppe, der auch der spätere grüne Umweltminister Joschka Fischer angehörte, entwickelte sich zu einer Sammlungsbewegung von Schülern und Studierenden, SDS-Überbleibseln, Stadtteilbasisgruppen, Hausbesetzern und Antifas, Männer- und Frauengruppen sowie alternativen Projekten, die sich daranmachten, ein autonomes und undogmatisches Gegenmilieu der »Spontis« zu schaffen.

6. Schließlich sind die militanten Stadtguerilla-Gruppen zu nennen. Vor allem West-Berlin wurde aufgrund seiner besonderen innerdeutschen und im Kontext des Kalten Krieges politisch aufgeladenen Insellage zum Zentrum der Radikalisierung dieser lose verbundenen Gruppierungen. Im Umfeld des SDS, der Kommune I, Kommune II und der Wielandkommune war man schon länger der Überzeugung gewesen, dass in Berlin »die Urbanisierung ruraler Guerilla-Tätigkeit geschichtlich möglich« sei, um den »staatlichen Machtapparat« zu zerschlagen, so Rudi Dutschke und Hans-Jürgen Krahl bereits im Jahr 1966/67. Der im April 1967 von der Presse massiv überzeichnete und letztlich vereitelte Versuch der Kommunarden, den US-Vizepräsidenten Hubert H. Humphrey bei seinem Besuch in Berlin mit Pudding, Joghurt und Mehl zu attackieren, endete als große Blamage für Polizei, Justiz und Presse, die martialisch von »Explosionskörpern« gesprochen hatten. Aber das sogenannte »Pudding-Attentat« zeigte das Pendeln der Ak-

tionisten zwischen grotesker Provokation und realer Tat. Die Frankfurter Kaufhausbrandstiftung im April 1968 und die sogenannte »Schlacht am Tegeler Weg« im November 1968, bei der 130 Polizisten und über 20 Demonstrierende verletzt worden waren, waren erste Probeläufe individueller und kollektiver Militanz dieser radikalisierten Linken. Erstmals schlug hier die subjektiv gefühlte kollektive Ohnmacht der Protestierenden in massive physische Gewalt um. In der Berliner Szene begann sich nun ein harter Kern der Protestbewegung herauszubilden. Anfang 1969 folgte ein Angriff auf das Berliner Kaufhaus des Westens (KaDeWe) als »Zentrale des Konsumterrors«. Wenig später experimentierten Mitglieder der Wielandkommune beim Berlin-Besuch des US-Präsidenten Richard Nixon mit Sprengkörpern, die allerdings der V-Mann des Verfassungsschutzes Peter Urbach »geliefert« hatte.

Als militanter Kern dieser Berliner Subkultur, anfangs auch »Blues« genannt, bildete sich zum Beispiel der »Zentralrat der umherschweifenden Haschrebellen«. Die Bezeichnung war eine Parodie auf den regen Gründungsaktivismus in der linken Szene, zugleich aber auch eine Anspielung auf die Mao-Schrift *Über die Mentalität umherschweifender Rebellenhaufen*. Zu dieser amorphen Szene gehörten auch die »Tupamaros West-Berlin«, die sich nach einer urbanen Guerillagruppe in Uruguay benannten und auch in München und Frankfurt entsprechende Gruppen aufbauen konnten. Gemeinsam war ihnen der Kampf gegen den »Polizeiterror« und die Vorbereitung des Stadtguerilla-Kampfes mit dem Aufbau einer entsprechenden Logistik, wenngleich die Voraussetzungen in deutschen Großstädten nur schwer mit der lateinamerikanischen Metropole Montevideo vergleichbar waren.

Die alle im linksextremen subkulturellen *Underground* angesiedelten Gruppierungen oszillierten zwischen Kommunarden-Szene, Hedonismus, Drogenkonsum, spontaneistischer Aktion und anarchistischer Randale. Rasch folgten erste Anschläge wie etwa am symbolträchtigen 9. November 1969 auf jüdische Gemeindehäuser in Berlin (wo die Bombe wegen eines Fehlers nicht zündete) oder im Februar 1970 in München. Beide Anschläge sollten als Guerillaaktion gegen die Unterdrückung der Palästinenser gelesen werden und zeigten doch zugleich einen verstörenden Antizionismus und Antisemitismus im linksextremen Milieu, der sich als antikolonialistischer Kampf kaschierte (Jensen 2022: 50 f.). Mit der Szene-Zeitung *Agit 883* verfügte das linksextreme Milieu über ein eigenes Organ, das ursprünglich als typisches Studentenblatt und als Reaktion auf die Erschießung Benno Ohnesorgs durch den Polizisten Karl-Heinz Kurras am 2. Juni 1967 entstanden war und eine Auflage von bis zu 6000 Exemplaren verzeichnen konnte. Bei großen Unschärfen an den Rändern und zahlreichen personellen Überschneidungen waren diese linksmilitanten Gruppierungen für viele Aktivisten der Durchlauferhitzer hin zur »Bewegung 2. Juni« und zur RAF.

Auch die »Revolutionären Zellen« und die daraus hervorgehende Frauengruppe »Rote Zora« entstanden in dieser gewaltbereiten Subkulturszene. Die »Revolutionären Zellen«, die zwischen 1973 und 1988 mehr als hundert Sprengstoffanschläge in der Bundesrepublik verübten, bewegten sich jedoch erstaunlich weit außerhalb des medialen Aufmerksamkeitsradars. Selbst der bis heute nicht detailliert aufgeklärte, aber den »Revolutionären Zellen« zugeschriebene Mord am hessischen Wirtschaftsminister und Befürworter der Frankfurter Startbahn West Heinz-Herbert Karry im Mai 1981 ist kaum mehr im öffentlichen Bewusstsein.

Bei der »Bewegung 2. Juni« waren wiederum anarchistische Elemente und ein Hang zum Skurrilen zumindest anfangs sichtbar – etwa, wenn bei einem Banküberfall im Jahr 1975 »revolutionäre« Schokoküsse verteilt wurden. Die »Bewegung 2. Juni« war insofern »proletarischer« als die RAF, als die meisten ihrer Mitglieder nur über einen Hauptschulabschluss verfügten. Von daher verstand sie sich auch als weniger theorielastiges und stärker spontaneistisches »anarchistisches Korrektiv« zur anfangs sogenannten »Baader-Meinhof-Bande«. Immer wieder stilisierten sich die Mitglieder der »Bewegung 2. Juni« selbst als Kämpfer in moderner Robin-Hood-Manier, etwa als sie im Februar 1975 dem Entführungsopfer Peter Lorenz 700 D-Mark abnahmen und das Geld einer Frau zukommen ließen, die sich zuvor mit der Bitte um Unterstützung für ihr Kind mit Down-Syndrom an den Berliner CDU-Spitzenpolitiker gewandt hatte. Von der RAF wurden solche Aktionen harsch als »Spaßterrorismus« oder als »Freizeitterrorismus«, als theoriefeindlicher Aktionismus, »Populismus« oder unpolitische Sympathiekampagne verurteilt. Allerdings: Mit dem Verteilen von Süßigkeiten und Geld erreichte die »Bewegung 2. Juni«

zwischenzeitlich eine größere Nähe zum eigenen Milieu und damit auch eine höhere Akzeptanz (Diewald-Kerkmann 2012a: 136).

Auch wenn die »Bewegung 2. Juni« mit der Ermordung des Präsidenten des Berliner Kammergerichts Günter von Drenkmann im November 1974 (einen Tag nach dem Hungerstreiktod von Holger Meins) und mit der Entführung von Peter Lorenz mit spektakulären Großaktionen auf sich aufmerksam machen konnte, waren es bei der RAF die Prominenz der Mitglieder sowie ihre Brutalität, die dafür sorgten, dass sie immer im Fokus der Öffentlichkeit stand. Deutlich wird aber, dass die RAF keinesfalls der erste Versuch war, die »Propaganda der Schüsse« (Che Guevara) und das Konzept der Stadtguerilla in deutschen Großstädten umzusetzen.

»68«, die Gewaltfrage und der linke Terrorismus
Wurden die RAF und ihr Terror erst durch die Gewalt rund um die Protestbewegung »68« ermöglicht? Bis in die 1990er-Jahre war der Linksterrorismus der RAF noch virulent und allein das Stellen dieser Frage diente meist der Absicht, die gesamte »68er«-Bewegung zu diffamieren. Somit galt die Frage im linken Spektrum lange Zeit als der blanke Tabubruch. Gerade eingefleischte »Alt-68er« witterten sofort den Verdacht, ihre erkämpften Verdienste diskreditieren oder persönliche Erlebnisse und Erfolge im Umfeld des *annus mirabilis* relativieren zu wollen. Wer die Protestbewegung kritisch nach Elementen von Gewalt hinterfragte, galt (und gilt) rasch als Abtrünniger oder als Anbiederer an den Zeitgeist. Viele »Alt-68er« sahen und sehen sich als Opfer staatlicher Repression und Gewalt. Wer dann nach *actio* und *reactio* im Großkonflikt zwischen Revoltierenden und Staatsmacht fragt, wird schnell zum Nestbeschmutzer. In das Narrativ von »68« als dem Ausgangspunkt von Demokratisierung und Liberalisierung der verknöcherten Bundesrepublik der 1960er-Jahre wollte die Frage nach der Gewalt nicht passen.

Dabei prägen zweifellos zwei Akte mörderischer Gewalt das Bild von »68«: die Erschießung von Benno Ohnesorg am 2. Juni 1967 durch den Polizisten Karl-Heinz Kurras sowie das Attentat des Rechtsextremen Josef Bachmann auf Rudi Dutschke am 11. April 1968. Beide Gewaltakte führten zu den größten innenpolitischen Unruhen, die die Bundesrepublik bis dato erlebt hatte. Für die Demonstranten war klar, dass die Verantwortlichen für das Attentat auf Dutschke im Springer-Verlagshaus saßen. Die Eskalation des Hasses gegen »Springer« ließ das Thema Gewalt in den Mittelpunkt von »1968« treten. Die Tatsache, dass Karl-Heinz Kurras, der Todesschütze vom 2. Juni 1967, freigesprochen wurde, während der Kommunarde Fritz Teufel wegen eines nie wirklich nachgewiesenen Steinwurfs mehrere Monate in Untersuchungshaft saß, unterminierte auch den letzten Rest des Vertrauens der Revoltierenden in Staat und Justiz. Weitere Beispiele von Rechtsbrüchen und Gewalt auf staatlicher Seite wären anzuführen, mit denen immer wieder versucht wurde, die protestierende Linke in ihrem Grundrecht auf Meinungs- und Versammlungsfreiheit einzuschränken. Diese Vorfälle markierten eine Zäsur und eine neue Dimension in der konkreten Gewalterfahrung der Protestbewegung. Das Konzept der Gegengewalt gegen die »strukturelle Gewalt« der staatlichen Repression gewann so an Bedeutung und diente zunehmend der Legitimation der eigenen gewaltsamen Aktionen.

Die Frage nach der Gewalt in der »68er«-Bewegung geht aber tiefer. War sie innerhalb der Protestbewegung situationsbedingt oder war sie ihr von vornherein inhärent? Gibt es einen linearen Weg von der studentischen und jugendkulturellen Revolte hin zum Terrorismus der RAF, wie viele Kritiker der »68er« noch heute behaupten? Wolfgang Kraushaar (2017: 33) hat die Bezugsebenen zwischen der »68er«-Bewegung und dem linken Terrorismus in Form von Theorien, Akteuren und Akteursgruppen sowie Aktionsformen betont. Die gemeinsame theoretische Basis bildeten antiimperialistische Weltdeutungen und aktionistische Handlungsmuster, die seit den 1960er-Jahren die Neue Linke geprägt hatten. Gewaltverherrlichende Pamphlete der antikolonialen Revolution à la Frantz Fanon (*Die Verdammten dieser Erde*, 1961) oder Che Guevara ließen den einen oder anderen »68er« immer wieder in die Solidarisierungsfalle mit der RAF tappen.

Die Theorien des in einer jüdischen Familie in Berlin aufgewachsenen und 1933 emigrierten Herbert Marcuse fungierten als Scharnier in der Verknüpfung von Konsumdebatten mit Diskursen zum staatlichen Gewaltmonopol, zu Revolution, Krieg, Faschismus und Terrorismus (vgl. Sedlmaier 2018: 91–110). Er war einer der großen Stars unter den Vordenkern der APO. 1964 veröffentlichte er in den USA sein Werk *Der eindimensionale Mensch*, das 1967 in deutscher Sprache erschien. Bereits 1965 wurden in Deutschland seine Schriften zur »repressiven Toleranz« in der spätkapitalistischen Gesellschaft veröffentlicht, wonach die gewährte Toleranz eine repressive Funktion habe, der statt mit Worten nur mit Taten beizukommen sei. Bei der Frage, wann und wo sich rund um »68« Narrative gebildet haben, die politische Gewalt ermöglichten oder zur Handlungsalternative machten, führt kein Weg an dem Generalkritiker der Wohlstandsgesellschaft und am intellektuellen Herold der »68er« vorbei.

Die Wurzeln der von ihm konstatierten »repressiven Totalität« verortete er in einem diffusen Konsumterror, in einer sublimen Gewalt alltäglicher Manipulation durch eine Bewusstseinsindustrie, die die Menschen von ihren wirklichen Bedürfnissen entfernt habe. Auf der einen Seite sah er die systematische oder strukturelle Gewalt der Konsumgesellschaft, auf der anderen Seite die revolutionäre Gewalt mit außergesetzlichen Mitteln, mit der die Ungerechtigkeiten in der spätkapitalistischen Gesellschaft zu demaskieren seien. Seine Erkenntnisse über den Zusammenhang von Konsumgesellschaft, Imperialismus und Unterdrückung wurden von vielen nicht nur als Analyse, sondern vor allem auch als Handlungsanleitung gelesen. Herbert Marcuse hatte die Gegentheorie zum »Konsumfaschismus« und zur »repressiven Totalität« geliefert. Im Juni 1967 hieß es in seinem Beitrag in der Zeitschrift *Das Argument*, dem führenden Organ des Neomarxismus in der Bundesrepublik:

> Es gibt eine Gewalt der Befreiung und es gibt eine Gewalt der Unterdrückung. Es gibt eine Gewalt der Verteidigung des Lebens und es gibt eine Gewalt der Aggression. Und beide Formen der Gewalt sind geschichtliche Kräfte gewesen und werden geschichtliche Kräfte bleiben (Marcuse 1967: 404).

Ähnlich lautend äußerte sich Marcuse in seinen Schriften zur »repressiven Toleranz«:

> Aber ich glaube, dass es für unterdrückte oder überwältigte Minderheiten ein »Naturrecht« auf Widerstand gibt, außergesetzliche Mittel anzuwenden, sobald die gesetzlichen sich als unzulänglich herausgestellt haben. Wenn sie [die unterdrückten Minderheiten] Gewalt anwenden, beginnen sie keine neue Kette von Gewalttaten, sondern zerbrechen die etablierte (Marcuse 1968: 122).

Eine andere personenorientierte Suche nach den Anfängen der Gewalt führt zur sogenannten »Subversiven Aktion«, einer Intellektuellengruppe, die Anfang der 1960er-Jahre aus der Münchener Künstlergruppe SPUR hervorgegangen war (Kraushaar 2017: 53–55 und Sedlmaier 2018: 45–56). Treibende Kräfte waren dabei die SDS-Politaktivisten Dieter Kunzelmann, Rudi Dutschke und Bernd Rabehl. Aus dieser Gruppe heraus wurde im Juli 1966 bei einem Treffen am Kochelsee das Projekt der revolutionären Kommune geboren und damit der Grundstein zur späteren Kommune I in Berlin gelegt. Der Kommunarde, der die bürgerliche Familie zerschlagen und eine neue Sozialform aufbauen sollte, und der antiimperialistische Guerillero, der ein sozialistisches System erkämpfen sollte, waren zwei Seiten einer Medaille. Ihr Ziel: Mit Provokationen Skandale auslösen und die daraus resultierenden Gerichtsverhandlungen zur eigenen Showbühne zu machen. In einem Brief von Dieter Kunzelmann an einen Mitaktivisten im Januar 1964 hieß es:

> Wir provozieren Monsterprozesse, durch die wir unsere ganzen Ideen publik werden lassen. Wir stürmen zum Beispiel ein Kaufhaus, nehmen alle Güter und verteilen sie auf der Straße; der folgende Prozess müsste so frech-geschickt geführt werden, dass die Lüge der freien Wirtschaft selbst dem letzten Trottel bewusst wird. Oder wir inszenieren mitten auf dem Stachus eine Vögel-Szene. Du und Marion! In dem Moment, wo wir viele Leute zählen, können wir auf ein paar immer verzichten, die eben dann im Gefängnis die Bücher lesen müssen, die sie bis jetzt zu faul waren zu lesen (zit. n. Kraushaar 2017: 56).

Das Konzept der Eskalationsstrategie durch illegale Aktionen schien in West-Berlin, dem von Kunzelmann sogenannten »Provokantenparadies«, aufzugehen. Nur Rudi Dutschke distanzierte sich rechtzeitig, abgehalten wahrscheinlich nicht zuletzt von seiner Frau Gretchen. Aus der surrealistischen Provokation, aus dem Happening, wurden bald die »direkte Aktion«, der Sabotageakt und die Gewalttat. Anhand der Person von Dieter Kunzelmann lässt sich dieser Weg gut nachzeichnen. Vom postavantgardistischen Provokateur wurde er zum Aktivisten der Kommune I. Nach seiner Rückkehr aus einem palästinensischen Trainingscamp ging er zusammen mit Fritz Teufel in den Untergrund zu den »Tupamaros West-Berlin«, der Vorläufergruppe der »Bewegung 2. Juni«. Am 9. November 1969 soll Dieter Kunzelmann – er hat es immer abgestritten – eine Bombe im Jüdischen Gemeindehaus in Berlin gelegt haben, die zum Glück nicht detonierte. Dass die Bombe wiederum von einem V-Mann des Verfassungsschutzes kam, ist bemerkenswert, macht die Sache aber nicht besser. Vor weiterem Treiben bewahrten Kunzelmann dann die Berliner Polizei und Justiz, denn im Juli 1970 wurde er wegen mehrerer anderer Delikte inhaftiert.

Mit Horst Mahler, einem seiner Anwälte, hatte sich Kunzelmann inzwischen überworfen. Der Star-Anwalt der APO hatte das fehlgeschlagene Attentat auf das Jüdische Gemeindezentrum kritisiert. Die Tupamaros und die umherschweifenden Haschrebellen hielt er für unzuverlässig und unberechenbar. »Mach es besser«, soll Kunzelmann gesagt haben, und Mahler schickte sich kurz darauf an, der eigentliche organisatorische Initiator der RAF zu werden. Im Januar 1970 gelang es ihm, die nach Italien geflüchteten Kaufhausbrandstifter Gudrun Ensslin und Andreas Baader nach Berlin zurückzuholen (Kraushaar 2017: 190 f.).

Auch mit Rudi Dutschke hatte sich Mahler im Herbst 1969 in London getroffen, um die Leitfigur der »68er« für den Aufbau einer terroristischen Organisation zu gewinnen. Schon 1966 hatte Dutschke zwar nicht öffentlich, sondern in SDS-internen Papieren von einer Stadtguerilla geschwärmt, von der Idee, einen urbanen militärischen Apparat aufzubauen, dessen Keimzellen kleinste homogene Guerilla-Einheiten an den Universitäten sein sollten. Im September 1967 ging Dutschke damit an die Öffentlichkeit und konfrontierte die Delegierten einer SDS-Bundeskonferenz mit dem Vorschlag einer radikalen Umorganisation. In Zukunft, so Dutschke, müsse sich der SDS als Teil einer »Sabotage- und Verweigerungsguerilla« begreifen. Und Dutschke weiter in dem Bemühen, die Organisations- mit der Gewaltfrage zu verknüpfen:

> Die Propaganda der Schüsse (Che) in der »Dritten Welt« muss durch die Propaganda der Tat in den Metropolen vervollständigt werden, welche eine Urbanisierung ruraler Guerilla-Tätigkeit geschichtlich möglich macht (zit. n. Kraushaar 2018: 285).

Zwar hatte Dutschke immer wieder die Notwendigkeit terroristischer Gewalt gegen Personen in den entwickelten Städten negiert, aber dem *Spiegel* hatte er bereits im Juli 1967 gesagt:

> Gewalt ist constituens der Herrschaft und damit auch von unserer Seite mit demonstrativer und provokatorischer Gegengewalt zu beantworten (zit. n. Sedlmaier 2018: 239).

Rudi Dutschke sollte sich nun mehrmals in der Öffentlichkeit zur Gewaltfrage äußern (vgl. Kraushaar 2018: 286–289). Im März 1968 sagte er einem Reporter von *Stern-TV*: »Natürlich bin ich bereit, mit der Waffe in der Hand zu kämpfen.« Der Imperialismus, so Dutschke, müsse dort, wo er auftrete, also auch in der Bundesrepublik, mit den Mitteln geschlagen werden, die er selbst benutze. Das Fernsehinterview wurde dann zu einem Zeitpunkt ausgestrahlt, als Rudi Dutschke bereits als Attentatsopfer in einem Berliner Krankenhaus lag.

Am 8. Dezember 1968 schrieb Dutschke in einem im *Spiegel* veröffentlichten Brief:

> Ihn [den Schah] hätten wir erschießen müssen, das wäre unsere menschliche und revolutionäre Pflicht als Vertreter der Neuen Internationale gewesen.

Dieses erstaunlich offene Bekenntnis zur Gewalt löste seinerzeit so gut wie kein Echo aus, vielleicht weil Rudi Dutschke inzwischen sowohl als Protagonist als auch als Opfer zu einer tragischen Figur geworden war. Natürlich wusste die Öffentlichkeit auch nicht, dass sich Dutschke bereits im Februar 1968 mit dem Mailänder Verleger Giangiacomo Feltrinelli in Berlin getroffen hatte, um Sprengstoff auszutauschen (Kraushaar 2018: 287–289). Für welchen Zweck wissen wir nicht. Überliefert ist lediglich der Transport des Sprengstoffs im Kinderwagen von Dutschkes Sohn Hosea-Che. Ein Jahr vor seinem Tod hatte Dutschke die Aktion selbst bestätigt, aber beteuert, es sei dabei nicht um die Ideologie der RAF gegangen, sondern potenziell um symbolische Gewalt gegen Sachen, ohne dabei im geringsten Gewalt gegen Menschen anwenden zu wollen.

Die Öffentlichkeit wusste auch nicht, dass Rudi Dutschke ebenfalls im Februar 1968 nur durch einen Zufall davon abgehalten worden war, zusammen mit einem Kampfgefährten den Antennenmast eines US-amerikanischen Soldatensenders zu sprengen. Hier hatte sich die Lichtgestalt der Revolte mehrmals direkt am Abgrund bewegt. Die Frage, welche Konsequenzen es für die gesamte »68er«-Protestbewegung gehabt hätte, wenn der Anschlag erfolgreich gewesen und die Täter aufgeflogen wären, ist allerdings genauso spekulativ wie kontrafaktisch.

Dutschkes öffentliche Überlegungen und Äußerungen zu den sogenannten »direkten Aktionen« sind sicherlich nicht auf die gesamte »68er«-Bewegung zu übertragen. Ganz im Gegenteil, sie waren nicht mehrheitsfähig und trugen entscheidend zur Spaltung des SDS bei. In diesem Sommer 1968 zeigten sich bereits deutliche Zerfallserscheinungen innerhalb der Protestbewegung. Aber die theoretischen Positionen und auch die tatsächlichen Pläne und Aktionen offenbaren doch die Risiken einer Tendenz hin zur Militanz und das zunehmend problematische Fahrwasser, in das ein kleiner Teil der »68er«-Bewegung geraten war. Zwischen Juni 1967 und Herbst 1969 zeigte sich eine stufenweise Entgrenzung der Gewalt, vollzogen von einer Minderheit innerhalb der Protestbewegung. Der wiederholte Versuch, zwischen Gewalt gegen Sachen und Gewalt gegen Personen zu differenzieren, war inzwischen bei einer gewaltbereiten Minderheit immer mehr ins Hintertreffen geraten.

Für die Eskalation der Gewalt, die mit Einbrüchen, Banküberfällen, Bombenanschlägen und später Entführungen und gezielten Attentaten nach der Gründung der RAF im Mai 1970 erfolgte, sollte Horst Mahler aber andere Mitstreiter gewinnen. Der Rekonvaleszent Dutschke lehnte Mahlers Pläne im Herbst 1969 ab, gut beraten wohl von seiner Frau.

Festzumachen ist das Anknüpfen der RAF an Ideologeme und Parolen der »68er« vor allem auch bei Ulrike Meinhof, Horst Mahler und Gudrun Ensslin. Ulrike Meinhof selbst hat davon gesprochen, dass die RAF aus der »Konkursmasse der Studentenbewegung« hervorgegangen sei. In der ersten programmatischen Schrift der RAF vom 5. Juni 1970 in der Zeitschrift *Agit*, in der sie ihre Auslegung des Konzepts der Stadtguerilla vorstellte (*Die Rote Armee aufbauen!*), heißt es explizit, die Studentenbewegung sei die Vorgeschichte der RAF (Hoffmann 1997: 24–26).

Zweifellos war die Einbindung in die Netzwerke der jugendlichen und studentischen Subkulturen der 1960er-Jahre sowie die damit verbundenen Normen und Lebensformen eine Gemeinsamkeit der linken Szene und auch derer, die schrittweise in den militanten Untergrund abtauchten und in der selbstgewählten Isolation mit einer Haltung aus Hass, Rache und Mitleid für die eigenen Kampfgenossen verharrten. Kausal nicht verknüpft war damit allerdings der Übergang von der Proklamation diskursiver oder symbolischer Gewalt gegen Sachen durch APO-Protagonisten wie Rudi Dutschke oder Hans-Jürgen Krahl hin zur bewaffneten Gewalt und von dort zum Terror der RAF.

An zahlreichen der zwischen Sommer 1967 und Herbst 1969 in mehreren deutschen Großstädten entstehenden gewaltbereiten Kleingruppen lässt sich diese »Transformation von einer Keimzelle der antiautoritären Bewegung [...] in ein subkulturelles Milieu und die anschließende Abkapselung zu terroristischen Kleingruppen« nachzeichnen (Kraushaar 2017: 42). Typisch für diese Eskalation von der symbolisch-aktionistischen Provokation zur brutalen Tat und für die militante Distanzierung von der sich pluralisierenden extremen Linken hieß es dann 1970 bei der RAF:

> Es hat keinen Zweck, den falschen Leuten das Richtige erklären zu wollen. Das haben wir lange genug gemacht. Die Baader-Befreiungs-Aktion haben wir nicht den intellektuellen Schwätzern, den Hosenscheißern, den Alles-besser-Wissern zu erklären, sondern den potenziell revolutionären Teilen des Volkes. Das heißt denen, die die Tat sofort begreifen können, weil sie selbst Gefangene sind. Die auf das Geschwätz der »Linken« nichts geben können, weil es ohne Folgen und Taten geblieben ist, die es satt haben! (aus: *Agit 833*, 05.06.1970, Hoffmann 1997: 24).

Das war die militante Absage an die theoretisierende Linke und gleichzeitig die Selbstinszenierung als revolutionäre Avantgarde, die aus den ›richtigen Zielen‹ und den ›richtigen Parolen‹ der Studentenbewegung nun eine ›richtige Praxis‹ entwickelte und zur vermeintlich ›echten Tat‹ schritt. Es war auch der Auftakt zur mörderischen Logik des RAF-Terrorismus, in der es nur militante Abgrenzung, Selbstisolation und Gewalt, aber keinen Weg zurück in den offenen Diskurs und die Normalität gab.

Dennoch gilt insgesamt für die »68er«-Bewegung: Die Proklamation diskursiver Gewalt war keineswegs generell kausal verknüpft mit dem Übergang hin zur militanten Gewalt und schließlich zum Terror der RAF. Der jeweils individuelle Weg in den sogenannten »bewaffneten Kampf« war kein theoretisch ausgearbeiteter Plan, sondern vielmehr das Resultat einer spezifischen und ungeplanten Dynamik, die zur Bildung von terroristischen Kleingruppen führte. Gewiss, die Entstehung der RAF ist ohne die Revolte der zweiten Hälfte der 1960er-Jahre nicht zu verstehen, wenngleich es keine zwangsweise innere Logik vom revolutionären Diskurs der »68er« hin zum Linksterrorismus gibt. Gewalt, so Wolfgang Kraushaar (2008b: 82), war das »insgeheime Magnetfeld« der »68er«-Bewegung. Im postulierten Klassenkampf schien den Revoltierenden der Weg zum Erfolg zu liegen. Sie wollten nicht länger Objekt der vermeintlichen oder tatsächlichen repressiven Gewalt des Staates sein, sondern revolutionäres Subjekt. Diese Einstellung deckte sich oftmals mit dem für viele zeitgenössische Protestgruppen typischen Gefühl eines »Anders-Leben-Wollens«, einem Entfliehen aus den bürgerlichen Strukturen des »Establishments«. Aber der Terrorismus der RAF ist eher als »illegitimes Kind« der 68er-Bewegung zu sehen, als eines – und zwar das numerisch kleinste – der Zerfallsprodukte der Revolte in einem dynamischen und situativ geprägten Prozess der Radikalisierung des Protests und der Eskalation der Gewalt hin zum Terrorismus. Auf der einen Seite stand also die stufenweise Selbstzivilisierung der Rebellion, auf der anderen Seite die immer blutigere Ausmaße annehmende Selbstüberschätzung eines kleinen harten Kerns, der sich aus den militanten Teilen der »68er«-Bewegung herauskristallisierte.

Im hoch emotionalisierten Klagelied der »Repression« in der vermeintlich protofaschistischen Bundesrepublik – die zudem als Stellvertreterin der USA als globaler imperialer Aggressor galt – wurde oftmals jegliche ehrliche Auseinandersetzung mit der Gewaltfrage unterdrückt bzw. die eigene Gewaltanwendung verbal enttabuisiert. Der aktionistische Ansatz der »68er« spielte mit Worten der Gewalt. Nichts galt als tatkräftiger und als attraktiver, nichts sorgte für mehr mediale Aufmerksamkeit. Erst als einige Selbstermächtigte mit tatsächlichen Waffen ernst machten, realisierte die Mehrheit, welche verbale Gratwanderung sie gegangen war – und dass man mit manchen Wörtern besser nicht spielt. Aber anders als konservative Stimmen lange behaupteten, war auch im internationalen Vergleich das deutsche »68« gar nicht außergewöhnlich radikal oder gewaltaffin. Das Gewalttabu, das vor dem Hintergrund der deutschen NS-Geschichte von besonderer Bedeutung war, wurde überwiegend nur symbolisch gebrochen (Terhoeven 2022: 11 f.). Dennoch zerbrach »68« auch an der Gewaltfrage. Je mehr die RAF von der »anarchistischen Bande« zur gewaltexzessiven Terrorgruppe wurde, umso weniger war sie noch Ausdruck von »68«. Die erste Generation der RAF knüpfte zwar noch an »68« an, aber sie reduzierte das breit gefächerte Phänomen auf die bloße terroristische Gewalt. Sie pervertierte damit die Ideen von »68« und trug so zur »nachhaltigen Diskreditierung« (Terhoeven, 2022: 14) der weitaus breiteren politischen und kulturellen Protestbewegung bei. Die RAF wurde so zum dunklen Spiegel der »68er«: anfangs zumindest in Teilen der Bewegung verlockend, zusehends aber im Erschrecken über sich selbst abstoßend.

Eine Schlüsselszene für die konservative Diskreditierung von »68« lieferte Rudi Dutschke selbst, als er im November 1974 am offenen Grab von

Holger Meins mit erhobener Faust ausrief: »Holger, der Kampf geht weiter!« Die Szene war ein Meilenstein in der Rezeptionsgeschichte des Verhältnisses von »68« und Gewalt.

Abb. 3: Rudi Dutschke bei der Beerdigung von Holger Meins am 18. November 1974, als er ausrief: »Holger, der Kampf geht weiter!«

Viel interessanter ist dabei aber der Blick auf die Jahre 1977/78, als man das erste kleine Jubiläum von »68« beging. Zum zehnten Jahrestag des Protestes hatte sich bereits das Narrativ der Erinnerung an die »68er« etabliert, wonach die Revolte politisch gescheitert, aber kulturell erfolgreich gewesen sei. Zwar seien der Systemumsturz und die Weltrevolution ausgeblieben, aber erfolglos sei »68« deshalb nicht gewesen. An dieser ›Meistererzählung‹, wonach die Revolte den bereits begonnenen gesellschaftlichen Transformations- und Liberalisierungsprozess der 1960er-Jahre massiv dynamisiert habe, hat sich bis heute wenig geändert. Der konservative Gegenpart aber besagt, »68« sei auch der Ausgangspunkt für den Linksterrorismus gewesen. Unter diesem dunklen Schatten stand die Erinnerung an »68« in den Jahren 1977/78, als die Bundesrepublik gerade die Hochphase des RAF-Terrorismus und den Deutschen Herbst erlebte. Als maßgebliche Zerfallsprodukte der Protestbewegung galten unter dem Eindruck der zeitgenössischen Atmosphäre die linksextremen Splitter- und Kadergruppen sowie die RAF, nicht aber die Tatsache, dass beispielsweise die SPD und das alternative Milieu von »68« am meisten profitiert hatten. Dieser konservative Deutungskern hat sich verfestigt und verhindert in Teilen von Wissenschaft und Gesellschaft bis heute eine ausgewogene Auseinandersetzung mit der gesamten Breite der »68er«-Protestbewegung.

Vordenker und Gründer der RAF
Im Grunde verfügte die Gründungsgeneration der RAF nur über drei intellektuelle Köpfe in ihren Reihen, die an einer ausführlicheren politisch-publizistischen Begründung ihres »bewaffneten Kampfes« arbeiteten: zunächst die 1934 geborene Kolumnistin der KPD-nahen und von der DDR finanziell unterstützten Zeitschrift *konkret*, Ulrike Meinhof, und den zwei Jahre jüngeren Horst Mahler. Dieser hatte 1971 im Gefängnis seine Schrift *Über den bewaffneten Kampf in Westeuropa* verfasst, die nach ihrem Verbot unter der Tarnbezeichnung *Neue Straßenverkehrsordnung* in Umlauf gebracht wurde (Hoffmann 1997: 49–111). Mahler war einer der Rädelsführer der Berliner Osterunruhen 1968, die das Attentat auf Rudi Dutschke ausgelöst hatte. Mahler war auch Staranwalt der linken Szene, der unter anderem die Kommunarden Fritz Teufel und Rainer Langhans sowie die »Nazi-Jägerin« Beate Klarsfeld verteidigt hatte, die im November 1968 während des CDU-Bundesparteitags den Kanzler Kurt Georg Kiesinger geohrfeigt hatte.

Ulrike Meinhof und Horst Mahler wurden – bei allen Unterschieden in ihren Biographien – in der zweiten Hälfte der 1950er-Jahre in unterschiedlichen Gruppierungen links sozialisiert – zumindest links der nach dem Godesberger Programm (1959) von Sozialisten alten Schlages und dem Konzept der Klassenpartei entschlackten SPD. Beide waren Teil des (sich radikalisierenden) Protests gegen die Adenauer'sche Nachkriegsdemokratie. In dieser hatte sich im Rahmen der großen Kampagnen gegen die Wiederbewaffnung der Bundesrepublik und gegen die atomare Rüstung der Bundeswehr nach 1956 ein jugendlich-intellektuelles Gegenlager gebildet, das in scharfer Opposition zur autoritären Kanzlerdemokratie des »Alten aus Rhöndorf« stand. In der »Ohne-mich-Bewegung« und der frühen Friedens- bzw. Ostermarschbewegung hatte dieser Protest einen ersten organisatorischen Rahmen gefunden. Kontinuitätslinien hin zur politischen und kulturellen Revolte der »68er« gegen das Konzept der »formierten Gesellschaft« (Rüdiger Altman) des Kanzlers Ludwig Erhard sind ebenfalls offensichtlich.

Die dritte Intellektuelle der RAF, die der jüngeren Generation der Studentenbewegung angehörte, war die 1940 geborene Gudrun Ensslin, die so wie Ulrike Meinhof und Horst Mahler einst Stipendiatin der Studienstiftung des Deutschen Volkes gewesen war. Für ihre Promotion in Germanistik nach Berlin gekommen, war auch für sie die Erschießung Benno Ohnesorgs, dem ersten Todesopfer rund um das bundesdeutsche »68«, zum »kritischen Ereignis« und zum Fanal zur Gewaltanwendung geworden. Mit den Worten »Meine wirklichen Geschwister sind Thomas Weisbecker und Georg Rauch« sagte sie sich später von ihrer Familie los und bezog sich dabei auf die beiden ›Märtyrer‹ der militanten Linken, die im Dezember 1971 und im März 1972 bei Festnahmeversuchen von der Polizei erschossen worden waren. Aufgrund ihrer Intelligenz und Ausdrucksstärke wurde Gudrun Ensslin zum Sprachrohr der RAF und zur Schöpferin zahlreicher Texte der Gruppe. Während der Haft in Stammheim war sie es, die beispielsweise auf Grundlage des literarischen Werkes *Moby Dick* von Herman Melville den Gruppenmitgliedern Decknamen gab, um die Überwachung der RAF-internen Post in die Irre zu führen. In dem Kampf gegen den Wal, der als Chiffre für den »Leviathan« (= Staat) steht, wurden Andreas Baader zum monomanisch-rasenden Kapitän »Ahab«, Holger Meins zum nüchtern denkenden treuen Weggefährten und ersten Steuermann »Starbuck« als Gegenspieler Ahabs, Jan-Carl Raspe zum handwerklich versierten »Zimmermann« und Gudrun Ensslin selbst zum bescheidenen »Smutje«, der an Bord aber eine tragende Rolle übernimmt (sie war die Logistikerin und führte die Kasse der RAF). Insgesamt war dies eine hintersinnig gewählte Parabel auf das, was die Terroristen taten: den Staat jagen.

Den ›Vordenkern‹ der RAF war der intellektuelle Hintergrund des revolutionären Existentialismus und der globalen Revolte der 1960er- und 1970er-Jahre vertraut – verbunden mit Namen wie Frantz Fanon, Régis Debray, Jean-Paul Sartre, Albert Camus, Michel Foucault, Herbert Marcuse, Georg Lukács und anderen. Der 1943 geborene Andreas Baader galt dagegen als völlig antiintellektuell. Begonnen hatte er seine ›Karriere‹ als kleinkrimineller Satellit der Kommune I und kann wohl eher als gewalttätiger Hochstapler und geltungssüchtiger Angeber charakterisiert werden, der seinem gescheiterten Leben einen Sinn zu geben versuchte. Gleichwohl dürfte sein ›revolutionäres Charisma‹ nicht zu unterschätzen sein. Es trug wesentlich dazu bei, den Terrorismus der RAF zum Gruppenerlebnis der ›authentischen Tat‹ zu machen. Baader gelang es mit dieser theorielosen Konsequenz der ›echten Tat‹, selbst aus der Haft heraus noch RAF-Mitglieder zu befehligen und nach seinem Selbstmord in Stammheim RAF-intern und in Unterstützerkreisen zum Märtyrer zu werden.

Die erste Generation der RAF rechtfertigte ihren »bewaffneten Kampf« mit dem Primat der Praxis. Das Terrorkollektiv sah sich als Vortruppe eines vermeintlich globalen antiimperialistischen Kampfes, dessen Demarkationslinie mitten durch Deutschland verlaufe. Seine Legitimationsformel war das lateinamerikanische Konzept der Stadtguerilla des Brasilianers Carlos Marighella und lautete »M-G-W-M-S«: Motorisierung, Geld, Waffen, Munition und Sprengstoff (Marighella 1970: 149). Darüber hinaus war der Aufbau einer Logistik der Halblegalität vorgesehen, also Tarneffekte von regulärer Berufstätigkeit, Bankkonten und angemieteten konspirativen Wohnungen, nicht zuletzt um Kontakt zu anderen Gruppierungen halten und neue Mitglieder rekrutieren zu können. Allerdings hatten die Köpfe der RAF einen der zentralen Punkte des Guerillakonzepts missachtet, nämlich die anfängliche Wahrung der Halblegalität bis zum Aufbau einer tatsächlich funktionierenden Logistik. Durch die Baader-Befreiungsaktion im Mai 1970 hatten sie sich selbst gezwungen, überhastet in die vollständige Klandestinität übergehen zu müssen. Vor allem Ulrike Meinhof hatte anfangs immer wieder darauf hingewiesen, dass es vor dem »Losschlagen« geraumer Zeit bedürfe, um logistische

Vorbereitungen zu treffen. So aber hatte sich die Gruppe Hals über Kopf selbst dem Druck der Illegalität ausgesetzt.

Nach einer kurzen Phase des organisatorischen Aufbaus, finanziert vor allem mit Banküberfällen, begann sich spätestens mit dem ersten Todesopfer aufseiten der RAF die Spirale der Gewalteskalation in Gang zu setzen. Die gerade einmal 20 Jahre alte gelernte Friseurin Petra Schelm war bei einer Großfahndung der Polizei im Juli 1971 erschossen worden. Als am 22. Oktober 1971 die RAF-Terroristin Margrit Schiller in Hamburg in eine Polizeikontrolle geriet und dabei der Polizist Norbert Schmid von einem anderen RAF-Mitglied getötet wurde, war erneut eine rote Linie überschritten. Von nun an war Mord im Spiel. So schrieb der *Stern* im Nachhinein über die Aktion: »Jeder spürt: Pardon wird jetzt nicht mehr gegeben. Auf beiden Seiten nicht« (*Stern*, 11.06.1972). Jede »Aktion« der RAF führte nun zur Verstärkung der staatlichen Gegenmaßnahmen, der wiederum weitere Terrorakte der RAF folgten. Aus dem mit Waffen geführten »revolutionären Kampf« der RAF war rasch ein tödliches Duell zwischen Terroristen und Staatsapparat geworden.

Nachdem auch im Herbst und Winter 1971/72 bei Festnahmeversuchen Polizeibeamte erschossen worden waren, kam es im Rahmen der sogenannten »Mai-Offensive« des Jahres 1972 zu ersten gezielten Anschlägen der RAF mit Todesopfern. Bei Bombenanschlägen auf US-Militäreinrichtungen in Frankfurt und Heidelberg, auf Einrichtungen der Polizei in Augsburg und München, auf das Auto des Bundesrichters Wolfgang Buddenberg in Karlsruhe (schwer verletzt wurde dabei seine Ehefrau) und auf das Springer-Verlagsgebäude in Hamburg wurden vier Menschen ermordet und mehr als 70 verletzt. Aus weiteren Plänen der RAF wurde nichts, denn innerhalb kürzester Zeit wurde in diesem Frühsommer 1972 die Bundesrepublik in einer bis dato nie gesehenen Fahndungswelle geradezu auf den Kopf gestellt. In rascher Folge wurden nun auch alle führenden RAF-Mitglieder verhaftet. Laut Bundeskriminalamt wurde im Anschluss nur noch nach rund einem Dutzend sogenannter »Randfiguren« gefahndet. Die RAF schien handlungsunfähig und war in der militanten Szene durch ihr ausgeprägtes Avantgardedenken, ihre fehlende Logistik sowie durch die hohe Zahl unschuldiger Opfer isoliert. Damit war sie nicht zuletzt an ihren eigenen Ansprüchen gescheitert.

Walter Scheel (FDP), Vizekanzler und Außenminister, sprach im gleichen Jahr noch erleichtert aus, was viele glaubten: »Das Problem Baader-Meinhof ist erledigt.« Das allgemeine Aufatmen ging recht rasch in einen »Konsens des Schweigens« (Dahlke 2011: 161) über, denn die anstehende Vertrauensfrage im Bundestag, die Kanzler Willy Brandt stellte, die daraufhin folgende Bundestagswahl und die Debatte über den Grundlagenvertrag mit der DDR verdrängten eine tiefer gehende Auseinandersetzung mit den Ursachen des Linksterrorismus.

3.2 Die zweite Generation – der Deutsche Herbst

Nachdem die führenden Köpfe der ersten Generation der RAF verhaftet worden waren, zielten die Aktionen der zweiten Generation fast ausschließlich nur noch auf die Selbsterhaltung der Gruppe und auf die Befreiung der inhaftierten Mitglieder. Die RAF war damit in ihre »zirkuläre Logik« (Wolfgang Kraushaar) eingetreten, die das Rad der Gewalt zwar immer schneller drehen ließ, gleichzeitig aber die Terroristen ihrem eigentlichen revolutionären Ziel keinesfalls näherbrachte. Die Entführung von Peter Lorenz durch die »Bewegung 2. Juni« und die Besetzung der deutschen Botschaft in Stockholm durch ein RAF-Kommando im Jahr 1975 bestätigten den unerwarteten Fortbestand des Terrorismus und setzten die Regierung erneut unter Handlungszwang und Legitimationsdruck, zumal Kanzler Helmut Schmidt bei der Machtprobe der Lorenz-Entführung nachgegeben und im Tausch gegen die Geisel sechs inhaftierte Terroristen freigelassen hatte (darunter Horst Mahler und Verena Becker, die in den Süd-Jemen ausgeflogen wurden). Diese einzige aus Sicht der Terroristen im engeren Sinne erfolgreiche Entführung der selbsternannten Stadtguerilleros wurde im linksradikalen Milieu als Triumph gefeiert. Es hatte keine Toten oder Schwerverletzten gegeben – und die Aktion war ein PR-Desaster für die verantwortlichen staatlichen

Stellen, weil es den Terroristen gelungen war, die Medien zu instrumentalisieren, die den Abflug der Maschine mit den freigepressten Terroristen an Bord live im Fernsehen übertrugen. Der Fall belegte die »eingeschränkte Krisenbereitschaft« (Dahlke 2007) der Bundesrepublik. Hinzu kam ein sarkastisches Spottlied (das sogenannte »Lorenz-Lied«), das in der ›Szene‹ rasch Verbreitung fand und in dem es hieß: »Mehr Tatkraft schafft mehr Sicherheit. Die Praxis hat's gezeigt. Die Bonzen sind verletzbar. Sieben Gefangene sind befreit.«

Die Lorenz-Entführung war ein Wendepunkt im Kampf gegen den Terror. Den Terroristen war klargeworden, dass mit Geiselnahmen noch mehr Aufmerksamkeit zu erreichen und noch höherer Druck auf den Staat auszuüben war als mit hinterhältigen Anschlägen. Einerseits hätte es ohne diese Erfahrung möglicherweise die Schleyer-Entführung im Herbst 1977 nicht gegeben, andererseits wurde nun aber nach den negativen Erfahrungen aufseiten des Staates von den Verantwortlichen die Null-Toleranz-Linie gezogen.

Die inhaftierte Kerntruppe der RAF hatte der zweiten Generation den ideologischen und strukturellen Boden bereitet. Vor allem die im Januar 1976 vor dem Stammheimer Gericht verlesene, rund 200 Seiten umfassende *Erklärung zur Sache* (Auszug in Hoffmann 1997: 198–265) präsentierte nochmals umfassend die Kampfideologie der RAF. Diese Erklärung war im Grunde das zentrale, wenn auch in der Forschung weniger beachtete Ideologiepapier der Terroristen, das vor allem der zweiten Generation den Weg wies. Deren Theoriebildung fiel entsprechend schwächer aus als bei der ersten Generation. Erst im Frühjahr 1982 sollte wieder eine Art »Grundsatzerklärung« der RAF formuliert und an die Öffentlichkeit gebracht werden (*Guerilla, Widerstand und antiimperialistische Front*, Hoffmann 1997: 291–306). In der Hochphase des Terrorismus von 1972 bis 1977 erfolgten die Radikalisierung der Aktivisten und die Rekrutierung neuer Mitglieder im Wesentlichen über die Chiffre »Stammheim«. Der aufwändige und langwierige Prozess (Mai 1975 bis April 1977) hielt das Interesse an der RAF wach und lieferte gleichzeitig die Anlässe zur Radikalisierung in der Unterstützerszene. Der Hungerstreiktod von Holger Meins im November 1974 und der als Mord propagierte Suizid von Ulrike Meinhof in der Haft im Mai 1976 lösten die erfolgreichsten Rekrutierungswellen für die RAF aus und trugen ebenfalls dazu bei,

Einzelne aus der ›Szene‹ von Befürwortern zu Unterstützern und aktiven Mitgliedern werden zu lassen.

Als Rekrutierungsreservoirs für die RAF fungierten in erster Linie die Anwaltskanzleien der RAF-Verteidiger, darunter vor allem die von Siegfried Haag und Eberhard Becker in Heidelberg, von Klaus Croissant in Stuttgart und von Kurt Groenewold in Hamburg. Darüber hinaus sind schließlich die Radikalisierungstendenzen in der Hausbesetzerszene der 1970er-Jahre vor allem in Berlin, Frankfurt und Hamburg zu nennen. Aus diesem »Häuserkampf« heraus rekrutierten sich einige RAF-Mitglieder, darunter Karl-Heinz Dellwo und Bernhard Rössner, die im April 1975 am »Kommando Holger Meins« in Stockholm beteiligt waren. Neben der »Randgruppenstrategie« gab es die sogenannte »Heimkampagne«, mit der während der Dreharbeiten zu Ulrike Meinhofs Fernsehspiel *Bambule* 1969/70 Jugendlichen, die aus Erziehungsheimen ausgebrochen waren, Unterschlupf im Untergrund gegeben wurde (z. B. Peter-Jürgen Boock und Irene Goergens). Vor allem auch das »Sozialistische Patientenkollektiv« (SPK) in Heidelberg war eine Durchlaufstation zur RAF. Die »Therapiegemeinschaft« des Arztes Wolfgang Huber wollte den autoritär-repressiven Charakter der deutschen Nachkriegspsychiatrie aufbrechen und im Sinne einer Antipsychiatrie die vermeintlich durch den Kapitalismus hervorgerufenen psychiatrischen Krankheiten therapieren, die Gesellschaft durch den Kampf der Stadtguerilla kurieren und das krankmachende »System« zerschlagen. Das Patientenkollektiv stellte dabei einen beachtlichen Rekrutierungspool der RAF dar (z. B. Margrit Schiller, Klaus Jünschke, Hanna Krabbe, Lutz Taufer, Siegfried Hausner, Sieglinde Hoffmann und Elisabeth von Dyck).

Über die intensive Lektüre der entsprechenden Literatur innerhalb des Patientenkollektivs, das zeitweilig deutlich über 100 Mitglieder umfasste, sollte, so Huber, die therapeutische Tat zur revolutionären Tat werden. Rasch schritt die Radikalisierung voran. So wurden eigene Waffendepots angelegt und Kontakte zu den »Haschrebellen«, zu den »Tupamaros« in West-Berlin und München, zur »Bewegung 2. Juni« und zur RAF gesucht. Als es im Juni 1971 bei einer Verkehrskontrolle zum Schusswechsel zwischen Mitgliedern des SPK und der Polizei kam, wurde die Psychosekte aufgelöst und Wolfgang Huber sowie seine Frau verhaftet. Zahlreiche Mitglieder nutzten nun im Sinne der Strategie des »multifokalen Expansionismus« die Kontakte in den Untergrund. Allein vier der Kommandomitglieder der Botschaftsbesetzung von Stockholm entstammten dem SPK, getreu des eigenen Mottos, dass aus der Krankheit eine Waffe zu machen sei.

Die dezentrale Rekrutierung von RAF-Mitgliedern der zweiten Generation gerade aus den universitären Zentren in Berlin, Heidelberg oder Frankfurt, aber auch aus Städten wie Stuttgart und München verdeutlicht, wie wichtig persönliche, kleinteilige Netzwerke in der linksradikalen Szene waren. Viele der späteren Terroristen gaben an, durch Protestgruppen oder Komitees, aber auch durch persönliche Kontakte und Beziehungen in Wohngemeinschaften oder Selbsthilfegruppen an die RAF herangeführt worden zu sein.

Die »Offensive '77«

Das Jahr 1977 markierte den Höhepunkt des RAF-Terrorismus. Im Rahmen der Bemühungen, die inhaftierten RAF-Mitglieder freizupressen (»Big Raushole« im RAF-Jargon), geschahen die Ermordungen von Siegfried Buback und seiner Begleiter sowie von Jürgen Ponto, der misslungene Raketenwerferanschlag auf die Bundesanwaltschaft in Karlsruhe, die Entführung Hanns Martin Schleyers und die Ermordung seiner Begleiter, die von der RAF in Auftrag gegebene Entführung der Lufthansa-Maschine »Landshut« durch ein palästinensisches Kommando und die Befreiung der Geiseln durch die GSG 9 in Mogadischu sowie die anschließende Ermordung Schleyers. Als »Offensive '77«, so die Bezeichnung der RAF, oder als Deutscher Herbst – der Begriff geht auf die Filmcollage *Deutschland im Herbst* (Regie u. a. Rainer Werner Fassbinder, Volker Schlöndorff und Alexander Kluge) aus dem Jahr 1978 zurück – haben sich diese Ereignisse in ihrer Dichte und Dramatik in das kollektive Gedächtnis der Deutschen eingegraben.

Allerdings brachte dieser Herbst 1977 auch den erneuten Beweis dafür, dass der »bewaffnete Kampf« der RAF zum Scheitern verurteilt sein musste. Das Ergebnis der »Offensive '77« war der Sieg des Staates und die Durchsetzung seines Gewaltmonopols sowie die Selbstmorde von Andreas Baader, Gudrun Ensslin und Jan-Carl Raspe in Stammheim (Irmgard Möller überlebte ihren Suizidversuch schwer verletzt). Spätestens damit war der sowieso schon aufgezehrte Glaubwürdigkeitsvorschuss, den

3.2 Die zweite Generation

Abb. 4: Tatort Karlsruhe: Am 7. April 1977 werden Generalbundesanwalt Siegfried Buback und sein Fahrer Wolfgang Göbel getötet. Wenige Tage später stirbt das dritte Opfer, der Polizist Georg Wurster, an den Folgen des brutalen Attentats.

vor allem Ulrike Meinhof der RAF geliefert hatte, verbraucht. Die »Prozesse der zunehmenden Irritation […] und Distanzierung« (Kraushaar 2017: 247) führten nun dazu, dass die RAF auch in der linken und linksextremen Szene politisch isoliert war. Die Terroristen hatten nicht nur einen ›Wirtschaftsboss‹ ermordet, sondern eben auch seine Begleiter. Bei der Flugzeugentführung hatte die RAF (als Auftraggeberin) unschuldige Urlauber durch ein Martyrium geführt, bei dem Jürgen Schumann, der Flugkapitän der »Landshut«, erschossen wurde. Auch unter

3 Die Geschichte der RAF – drei Generationen des »bewaffneten Kampfes«

Aufgabe ihres anfänglichen politischen Glaubensgrundsatzes, ›normale‹ Bürgerinnen und Bürger, für die sie ja zu kämpfen glaubten, nicht als Geiseln zu nehmen, war es den Terroristen dabei nicht gelungen, die »Stammheimer« freizupressen.

Ein Jahr nach dem Selbstmord von Ulrike Meinhof und drei Jahre nach dem Hungerstreiktod von Holger Meins waren im Herbst 1977 alle Köpfe der ersten Generation der RAF tot. Einige Mitglieder der zweiten Generation konnten später verhaftet werden, darunter Brigitte Mohnhaupt (Mai 1978), Peter-Jürgen Boock (Januar 1981), Adelheid Schulz und Christian Klar (beide November 1982). Charakteristisch für die zweite Generation der RAF war allerdings auch, dass rund ein Drittel der an der »Offensive '77« Beteiligten innerhalb kurzer Zeit den Ausstieg suchte. Eine gewisse Resignation und das zermürbende Leben in der Illegalität waren hierfür sicherlich zentrale Gründe.

Diese zweite Generation hatte sich in einer anderen gesellschaftlichen und politischen Situation entwickelt als ihre Vorläufer. An die Stelle des ideologisierten »bewaffneten Kampfes« waren schon längst die reine Provokation des Staates und die pure eigene Bestandserhaltung getreten – Gewalt zum Selbsterhalt also. Hinzu kamen – aus der Sicht der RAF – weitaus ungünstigere Rahmenbedingungen. Weit und breit war kein ernsthafter Ansatz einer politischen oder sozialen Bewegung zu erkennen, als deren verlängerter Arm sich die RAF hätte gerieren können. Vor allem nach dem Fiasko des Deutschen Herbstes war die RAF auch moralisch isoliert und stand nicht zuletzt aufgrund organisatorischer und technischer Neuerungen aufseiten der Strafverfolgungsorgane unter hohem Fahndungsdruck. In der Bundesrepublik fand der engere Kreis der RAF-Mitglieder kaum mehr sichere Unterkünfte und musste immer wieder ins Ausland ausweichen, vor allem in den Nahen Osten. Auch eine zentrale Steuerungsinstanz – wie früher aus dem Stammheimer Gefängnis heraus – fehlte der RAF nun. Sie stand vor der Herausforderung, neue Zellen und neue Strukturen aufbauen zu müssen. Außerdem musste sie reihenweise Ausstiege und Verhaftungen wichtiger Mitglieder hinnehmen. Gleichwohl gab es auch starke gruppendynamische Zwänge und das Hoffen Einzelner auf weitere »Aktionen«, die auch nicht ausblieben: im Juni 1979 der misslungene Anschlag im belgischen Casteau auf den NATO-Oberbefehlshaber in Europa Alexander Haig, im August 1981 das Bombenattentat auf das europäische Hauptquartier der US-Air Force in Ramstein und im September desselben Jahres der fehlgeschlagene Angriff mit einer Panzerfaust auf den US-General Frederick Kroesen in Heidelberg.

RAF-Aussteiger in der DDR
Zumindest zehn RAF-Mitglieder hatten nach der Auflösung der »Bewegung 2. Juni« und deren Integration in die RAF einen bemerkenswerten Ausstieg in Form des Einstiegs in den real existierenden Sozialismus in der DDR gefunden (1980 Silke Maier-Witt, Susanne Albrecht, Monika Helbing, Ekkehard von Seckendorff-Gudent, Werner Lotze, Christine Dümlein, Sigrid Sternebeck, Baptist Ralf Friedrich, 1982 gefolgt von Henning Beer und Inge Viett). Bis zu ihrer Enttarnung nach dem Fall der Mauer lebten sie eine geradezu spießbürgerliche Existenz und eine »spezifische Form der Resozialisation« als »Menschen ohne Vergangenheit« (Tobias Wunschik) in der von der DDR-Staatssicherheit geschützten Anonymität im Arbeiter- und Bauernstaat, wo sie teilweise sogar als »Inoffizielle Mitarbeiter« (IM) der Staatssicherheit aktiv waren. Nach ihrer Enttarnung verbüßten sie Haftstrafen, die zumeist gemindert wurden, weil sie als Kronzeugen aussagten.

Das ostdeutsche Exil der RAF-Aussteiger war der Höhepunkt in einer längeren deutsch-deutschen Beziehungsgeschichte zwischen der RAF und dem Ministerium für Staatssicherheit (MfS) der DDR. Gerüchte und Andeutungen über diese erstaunliche Kooperation hatte es in der Presse schon länger gegeben. Auch ist davon auszugehen, dass die bundesrepublikanischen Sicherheitsbehörden schon seit Ende der 1970er-Jahre von dieser Verbindung wussten. Allerdings hatten sie wohl geschwiegen, um die deutsch-deutsche Entspannungspolitik nicht zu gefährden.

Martin Jander hat die Anknüpfungspunkte zwischen westdeutschen Linksterroristen und der DDR-Staatssicherheit in folgenden Punkten zusammengefasst: Erstens einten die gemeinsamen Feindbilder »Bundesrepublik« und »amerikanischer Imperialismus«. Hinzu kam zweitens die geteilte Feindschaft zu Israel und drittens die gemeinsame Unterstützung von »antiimperialistischen« und »nationalen Befreiungsbewegungen« im Nahen Osten, vor allem in Form der palästinensischen Terrorgruppen (Jander 2006: 698).

3 Die Geschichte der RAF – drei Generationen des »bewaffneten Kampfes«

Die Bandbreite der Kooperation war groß und reichte von der Nutzung der Transitwege der sozialistischen Länder zum Zweck militärischen Trainings im Nahen Osten über die Nichtauslieferung der 1978 in Prag festgenommenen Inge Viett bis hin zur Tätigkeit des in der Bundesrepublik verurteilten RAF-Anwalts Klaus Croissant ab 1981 als Inoffizieller Mitarbeiter für die Abteilung Terrorabwehr des MfS. Bisweilen nahm die Verbindung auch skurrile Züge an, etwa als 1984 mehrere bundesdeutsche Linksterroristen, die sich schon allein in ihrem anarchistischen Habitus deutlich von den MfS-Mitarbeitern unterschieden, an den Parademärschen der SED zum 1. Mai als Gäste teilnahmen. Zur konkreten militärischen Unterstützung kam es zwischen 1980 und 1982, als mehrere Mitglieder der RAF in der DDR an Waffen trainiert wurden, unter anderem Christian Klar an einem Panzerfausttyp, der später bei dem Anschlag auf den US-General Frederick Kroesen zum Einsatz kam.

Im Jahr 1984 kam es schließlich zum Abbruch dieser sich zwischen Duldung, Kontrolle und offener Unterstützung bewegenden Kooperation. Der wichtigste Grund dafür ist in der »taktisch bedingten Sorge des MfS vor außenpolitischen Komplikationen« zu sehen (Wunschik 1999: 272). In der Tat wäre es ein enormer internationaler Gesichtsverlust der bereits von bundesrepublikanischen Milliardenkrediten abhängigen DDR gewesen, wenn öffentlich bekannt geworden wäre, dass sie den Terrorismus unterstützte. Generell ist aber davon auszugehen, dass das MfS mehr über Personal, Strukturen und Logistik vor allem der zweiten Generation der RAF wusste als die westdeutschen Behörden. Die ›Resozialisierung‹ der RAF-Aussteiger in der DDR entsprang aber wohl vor allem dem Glauben des ostdeutschen Geheimdienstes, die RAF so noch besser kontrollieren zu können.

3.3 Die dritte Generation – neue Phase des »bewaffneten Kampfes« und Zerfall

»Handlungsterrorismus« statt »Erklärungsterrorismus«
Die dritte Generation der RAF stand, was die öffentliche und mediale Aufmerksamkeit anbetrifft, immer im Schatten ihrer Vorgänger. Das mag damit zu tun haben, dass sich die Zeitgeschichtsschreibung lange auf die 1970er-Jahre konzentriert hat. Bemerkenswert ist dennoch, dass die dritte Generation der RAF noch immer als ›Stiefkind‹ der RAF-Forschung gilt, zumal bei ihr – anders als bei der zweiten Generation – noch weitaus mehr Fragen offen sind bezüglich Rekrutierung, Strukturen im Untergrund, biographische Entwicklungen und vor allem konkrete Beteiligung an einzelnen Verbrechen. Zwischenzeitlich kam daher sogar die These auf, es habe überhaupt gar keine dritte Generation der RAF im Sinne einer organisierten Gruppe gegeben, sondern vielmehr nur individuell agierende und höchstens lose verbundene Zellen, die lediglich das Logo der RAF verwendeten und vor allem dadurch den Anschein einer zentral gesteuerten Organisation aufrechterhielten. Diese These eines »RAF-Phantoms« entwickelte sich zur regelrechten Verschwörungstheorie, wonach westliche Geheimdienste die eigentlichen Urheber der Terroranschläge der dritten Generation seien.

Dennoch: Diese dritte Generation agierte auf der Basis des sogenannten »Mai-Papiers« von 1982, das noch von den Köpfen der zweiten Generation verfasst worden war (*Guerilla, Widerstand und antiimperialistische Front*, Hoffmann 1997: 291–306). Als Kern der neuen Legitimation für den Terror galten nun präzise und höchst brutal geplante Angriffe auf einzelne hochrangige Vertreter von Staat, Wirtschaft und Militär sowie – nach Vorgabe der Internationalisierung des »antiimperialistischen Kampfes« – koordinierte Anschläge zusammen mit der französischen *Action directe* und einer Nachfolgegruppe der italienischen *Brigate Rosse*. Andreas Elter hat für diese neue Phase des Wandels hin zu zielgenauen und extrem gewalttätigen Anschlägen den Begriff des »Handlungsterrorismus« vorgeschlagen, der auf der bloßen »Propaganda der Tat« beruht. Demnach sollten hier der jeweilige Anschlag (dem kaum mehr ausführliche Bekennerschreiben folgten) und das jeweilige Opfer in seiner Funktion für sich selbst sprechen. Der frühere »Erklärungsterrorismus« vor allem der ersten Generation der RAF habe sich dagegen explizit zu rechtfertigen versucht, seine Motive politisch-theoretisch untermauert und diese darüber hinaus mit ausführlichen Erklärungen an seine Unterstützerszene kommuniziert (Elter 2015: 206 ff). Diese Veränderungen in Strategie und Kommunikation belegen aber auch, dass der RAF die nun aus der Zeit gefallene Selbstlegitimation als Kämpfer gegen das »faschistische Schweinesystem« abhandengekommen war. Neue Legitimationsquellen suchten die Terroristen nun in einem weit verbreiteten diffusen Antiamerikanismus – vor dem Hintergrund der sogenannten Nachrüstung und einer neuen Eskalationsphase des Kalten Krieges – und im Appell an die militanten Kreise der Rüstungs- und Atomkraftgegner, Hausbesetzer und der erstarkenden Szene der Autonomen.

Nach der Festnahme von Brigitte Mohnhaupt, Adelheid Schulz und Christian Klar im Herbst 1982 stand die RAF kurz vor ihrer Auflösung. Während die inhaftierten RAF-Mitglieder im Dezember 1984 in ihren inzwischen neunten kollektiven Hungerstreik traten, schritt die dritte Generation der Terroristen jedoch ›draußen‹ zur Tat und reagierte damit auch auf die zahlreichen Festnahmen von Kampfgenossen. Auf die Übergangsphase zwischen 1979 und 1984 folgte eine erneute Offensive, bei der nun auch wieder deutsche Spitzenkräfte aus Politik und Wirtschaft ins Visier der Terroristen gerieten. Innerhalb recht kurzer Zeit gelangen der RAF gezielte Schläge gegen den von ihr sogenannten »militärisch-industriellen Komplex«. Im Dezember 1984 misslang ein Sprengstoffanschlag auf die NATO-Schule in Oberammergau, im Januar 1985 kam es zu einem Sprengstoffanschlag in Stuttgart, bei dem sich das RAF-Mitglied Johannes Thimme selbst tötete, und im Februar 1985 wurde in der Nähe von München der Manager des Rüstungskonzerns MTU, Ernst Zimmermann, ermordet. Parallel dazu war wenige Tage zuvor mit René Audran ein hochrangiger Vertreter des französischen Verteidigungsministeriums Opfer der *Action directe* geworden. Es folgten ein Bombenanschlag der RAF auf die US-Airbase in Frankfurt mit drei Toten und ein Anschlag auf den Siemens-Manager Karl Heinz Beckurts und seinen Fahrer im Juli 1986 im oberbayerischen Straßlach. Vier Monate später ermordete die *Action directe* den Direktor der französischen

Renault-Werke Georges Besse. Im Oktober 1986 wurde mit Gero von Braunmühl, dem Ministerialdirektor im Auswärtigen Amt, auch der »politisch-staatliche Komplex« getroffen. Allein in diesem Jahr kam es zu fast 20 weiteren kleineren Anschlägen, die entweder der RAF oder anderen Untergrundorganisationen wie den »Revolutionären Zellen« zugeschrieben werden.

Der Staat reagierte mit computergestützter Rasterfahndung und später mit der nicht unumstrittenen Kronzeugenregelung. Die deutsche Öffentlichkeit diskutierte erneut höchst kontrovers die Frage, wie mit Tätern und Unterstützern jedweder Art umzugehen sei – und wieder deckten die Positionen die gesamte Bandbreite zwischen kompromissloser Härte und Dialogbereitschaft ab. Diese Kontroversen sind immer auch vor dem Hintergrund einer bemerkenswerten Gewaltbereitschaft in der deutschen Gesellschaft der 1980er-Jahre sowohl aufseiten der Protestmilieus als auch aufseiten des Staates zu sehen – Stichworte sind hier Startbahn West, Hamburg Hafenstraße, Wackersdorf, Brokdorf, Grohnde, Gorleben u. a. Inmitten dieser Kontroversen wurde im September 1988 ein Anschlag auf Hans Tietmayer, den Staatssekretär im Bundesfinanzministerium, verübt. Dem schloss sich der nunmehr zehnte kollektive Hungerstreik der RAF-Häftlinge an und schließlich, wenige Tage nach dem Fall der Mauer im November 1989, der bis heute noch nicht aufgeklärte Mord an Alfred Herrhausen, dem Vorstandssprecher der Deutschen Bank, in Bad Homburg. Möglicherweise kam die technische Unterstützung für diesen präzise geplanten Mord aus dem Nahen Osten, wo kurz zuvor der libanesische Präsident auf die gleiche brutale Weise ermordet worden war.

Wendejahr 1989
Das Jahr 1989 war auch für die RAF ein Wendejahr. Recht rasch zeichnete sich ihr Verfall ab, nachdem die Strafverfolgungsbehörden einige Fahndungserfolge zu verzeichnen hatten. Zwar waren der RAF nochmals spektakuläre Coups gelangen: die Anschläge auf den hohen Bundesbeamten Hans Neusel (Juli 1990) und auf die US-Botschaft in Bonn (Februar 1991), vor allem aber die Ermordung von Detlev Rohwedder, dem Chef der Treuhandanstalt, im April 1991. Doch das Ziel, mit diesen Anschlägen die Friedensbewegung gegen den Zweiten Golfkrieg und die nach der Wende enttäuschte Linke in Ostdeutschland für sich zu gewinnen, wurde

nicht erreicht. Als Reaktion auf ein Angebot von Bundesjustizminister Klaus Kinkel (FDP) zur vorzeitigen Haftentlassung vor allem kranker und lange inhaftierter RAF-Terroristen bei Gewaltverzicht erfolgte im April 1992 eine erste dementsprechende Erklärung. Dem liberalen Justizminister und einer neuen Generation von BKA-Beamten war klargeworden, dass die zum »Gefangenenbefreiungsverein« degenerierte RAF am ehesten über diese »Gefangenenfrage« zu einem Verzicht auf neue Gewalt zu bewegen war.

Im »August-Papier« der RAF von 1992 hieß es dann: »Wir konnten den Herrschenden zwar immer wieder Schläge versetzen, aber so kamen wir unseren Zielen nicht näher.« Was folgte, war ein vorläufiger Gewaltverzicht der Terroristen, wenn auch unter Bedingungen. Teile der Kommandoebene der RAF gestanden nun das Scheitern ihres Konzepts der Stadtguerilla ein und kündigten an, sie wollten nun erst einmal – ohne Gewalt – eine »neue Gegenmacht von unten« organisieren. In dem Papier hieß es: »Wir werden Angriffe auf führende Repräsentanten aus Wirtschaft und Staat für den jetzt notwendigen Prozess einstellen« (Hoffmann 1997: 412).

Schon seit der brutalen Ermordung des US-Soldaten Edward Pimental im August 1985, die nur dazu gedient hatte, sich über dessen Identifikationskarte den Zugang zur Rhein-Main-Airbase in Frankfurt zu verschaffen, war es bei einem Teil der Inhaftierten der zweiten Generation und bei vielen in der Unterstützerszene zu einem Bewusstseinswandel und schließlich zur Abkehr vom Terrorismus gekommen. Die RAF selbst erklärte im Januar 1986, dass die Erschießung Pimentals ein Fehler gewesen sei, der »die Auseinandersetzungen um die politisch-militärische Bestimmung der Aktion, wie der Offensive überhaupt, blockiert« habe (Hoffmann 1997: 349). Offene Briefe der Brüder des ermordeten Diplomaten Gerold von Braunmühl (1986), Vermittlungsversuche der Grünen (sogenannte »Vollmer-Initiative« 1987), die sogenannte Kronzeugenregelung sowie die bereits erwähnte »Kinkel-Initiative« (1992) dürften für weitere RAF-Mitglieder den Ausstieg erleichtert haben, zumal beim Abschwören von der Gewalt nun auch Hafterleichterung oder -entlassung winkte (Frech 2023: 139). Weitere Vermittlungsversuche zwischen Staat und Terroristen, die zum Beispiel vom Grünen-Politiker und ehemaligen RAF-Anwalt Hans-Christian Ströbele initiiert und über Ignatz Bubis, dem

Vorsitzenden des Zentralrats der Juden in Deutschland und Daimler-Chef Edzard Reuter an Kanzler Helmut Kohl herangetragen, scheiterten zwar, aber es war ein Keil in die Reihen der RAF getrieben.

Nicht zuletzt wurde durch die Dialogbereitschaft – Kinkel hatte den umstrittenen Begriff der »Versöhnung« benutzt – eine heftig geführte Kontroverse zwischen Hardlinern und Ausstiegswilligen, zwischen »Betonfraktion« und »Freunden der Vernunft« innerhalb der RAF ausgelöst, die den Linksterrorismus massiv schwächte. Die RAF war gespalten in verfeindete Fraktionen innerhalb der Gefängnisse einerseits und der ›draußen‹ agierenden Kommandoebene andererseits. Zu den »Gesprächsbereiten« gehörten die in Celle inhaftierte Gruppe um Karl-Heinz Dellwo, Lutz Taufer und Knut Folkerts. Dagegen standen die in anderen Gefängnissen inhaftierten »Hardliner«, angeführt von Brigitte Mohnhaupt und Christian Klar. Die Auseinandersetzung um Haftbedingungen, Hungerstreiks und andere Formen der medialen Selbstinszenierung der RAF führten zur weiteren Zersplitterung innerhalb der Terrorgruppe (Schulz 2019). Der spektakuläre Sprengstoffanschlag auf die neu gebaute, aber noch nicht ihrer Bestimmung zugeführte Justizvollzugsanstalt im hessischen Weiterstadt im März 1993 war die letzte Aktion der RAF. Wenige Monate später erfolgte die Festnahme von Birgit Hogefeld in Bad Kleinen (1993), bei der ihr Lebensgefährte Wolfgang Grams zu Tode kam. Die RAF war damit erneut ihrer engsten Führungskader und ihrer Logistik beraubt. Hinzu kam die sogenannte »Spaltungserklärung« der Inhaftierten um Brigitte Mohnhaupt (März 1993), in der von Verrat die Rede war und den Aktiven ›draußen‹ der Vorwurf gemacht wurde, sie verzichteten auf die Anwendung von Gewalt, um sich selbst vor Gericht bessere Ausgangspositionen zu verschaffen. Im April 1998 erreichte schließlich die Selbstauflösungserklärung der RAF die Öffentlichkeit.

Die dritte Generation der RAF gilt heute als letzte Nachhut des linksextremen militanten Kampfes gegen die bundesrepublikanische Ordnung. Angesichts des Entstehens »bürgerlicher« linker und grün-alternativer gewaltfreier Protestmilieus seit den 1970er-Jahren und des Endes der Blockkonfrontation verlor die RAF zunehmend die letzte noch verbliebene Unterstützungsbereitschaft in der deutschen Gesellschaft. Gründe für diese Selbstisolierung der Linksterroristen waren nicht zuletzt auch ihre Professionalisierung, mit der eine massive Brutalisierung einherging, sodass einzelne Anschläge selbst bei Unterstützern in der militanten Szene als gewalttätige Exzesse galten, weil sie eher »mafiösen Femcmorden« (Alexander Straßner) als Aktionen des »antiimperialistischen Kampfes« glichen. Auch die Internationalisierungsversuche der RAF scheiterten im Großen und Ganzen. 1987 waren mehrere führende Mitglieder der *Action directe* festgenommen worden und damit die Terrorgruppe zerfallen. 1992 hatten die italienischen *Brigate Rosse* der RAF vorgeworfen, sie habe mit ihrer Gewaltverzichtserklärung ihre revolutionären Ziele und die Bildung einer revolutionären Gegenmacht aufgegeben. Versuche, mit spanischen, griechischen oder belgischen linksterroristischen Gruppierungen zu kooperieren, scheiterten genauso wie die Annäherungsversuche der RAF an die baskische ETA oder an die irische IRA. Für die nationalseparatistischen Terroristen fehlten der RAF und ihrem brutalen Aktionismus jegliche politische Legitimation. Inwiefern es zu einer mehr als nur logistischen Kooperation mit palästinensischen Befreiungsorganisationen gekommen ist, ist noch nicht hinreichend erforscht. Geradezu paradox erscheint dennoch die Tatsache, dass den Strafverfolgungsbehörden bis heute ein guter Teil der auf rund 20 Mitglieder geschätzten engsten Kommandoebene der dritten Generation der RAF namentlich nicht bekannt ist. Von allen Morden der RAF zwischen 1985 und 1993 gelten lediglich die beim Anschlag auf die Rhein-Main-Airbase begangenen als vollständig aufgeklärt. Darüber hinaus finden sich in regelmäßigen Abständen mediale Spekulationen über verbliebene Splittergruppen und Teile der dritten Generation, die weiterhin im Verborgenen leben und ihre illegale Existenz durch Banküberfälle finanzieren. Mit der Verhaftung von Daniela Klette im Frühjahr 2024 haben diese Spekulationen neuen Auftrieb erhalten. Neue Erkenntnisse zur dritten RAF-Generation traten bisher jedoch nicht zutage. Auch wenn die RAF seit 1998 offiziell aufhörte zu existieren, so lebt der terroristische Mythos bis heute fort.

4 Die Mythen der RAF – Inszenierungen zum Selbsterhalt

Wolfgang Kraushaar hat mehrere Mythen der RAF dechiffriert. Diese gelten als die wesentlichen Gründe dafür, dass das Phänomen RAF auf der einen Seite von Staat, Medien und Öffentlichkeit dämonisiert wurde, mit denen sich auf der anderen Seite aber die RAF-Terroristen selbst zu heroisieren wussten. Mit der geschickten Schöpfung und Inszenierung dieser Mythen gelang es der RAF, trotz aller Tiefschläge und der zunehmenden politischen Sinnentleerung ihres Agierens, sich selbst immer wieder zu erneuern sowie Mitglieder und Unterstützer zu rekrutieren.

Der Kern eines jeden Mythos ist die Tatsache, dass er weder exakt zu belegen noch zu widerlegen ist. Er ist weder Realität noch reine Fiktion, sondern, so die Philosophin Jeanne Hersch, »wirksame Fiktion«. Ein Mythos ist eine Botschaft, die sinnstiftend und handlungsleitend wirken kann und die komplexe politische Aussagen durch oftmals extrem reduzierte Dichotomien von wahr und falsch, gut und böse ersetzt. Beteiligt an der Konstruktion der Mythen waren, so Kraushaar, die RAF-Mitglieder mit ihrer Selbstheroisierung, die Vertreter des Staates und der Justiz mit ihrer überhöhten Dämonisierung, die Medien mit ihrer übersteigerten Dramatisierung, die Öffentlichkeit mit ihrer oftmals hysterischen Reaktion und nicht zuletzt die sogenannte »Sympathisantenszene«. Letztere konnte mittels dieser Mythen die vagen Ziele der RAF und ihre eigenen Vorstellungen in eine tatsächliche oder vermeintliche Deckungsgleichheit bringen und damit ihr eigenes Handeln legitimieren.

4.1 Selbstheroisierung als »revolutionäre Avantgarde«

Bereits 1971 hatte Ulrike Meinhof in der Ausarbeitung ihres Konzepts der Stadtguerilla formuliert, es gehe darum, »den Mythos von der Allgegenwart des Systems und seiner Unverletzlichkeit zu zerstören«. Das galt als Begründung für den »bewaffneten Kampf« gegen den Staat. Die Revolte sollte ihre Berechtigung aus der Diskrepanz zwischen »kleinen Pikser« der Terroristen und der repressiven Überreaktion des Staates beziehen. Hinzu komme das revolutionäre Charisma, so Ulrike Meinhof, das dadurch entstehe, »dass sie uns nicht kriegen« (*Spiegel*, 15.06.1970). Als jedoch bereits im Sommer 1972 fast die gesamte RAF hinter Gittern war und sich der »Leviathan Staat« als überlegen erwiesen hatte, galt es, dieses offensichtliche Scheitern zu überdecken. Horst Mahler, der selbst schon fast zwei Jahre inhaftiert war, gab nun Durchhalteparolen aus und schrieb an Gudrun Ensslin: »Ihr lebt. Das zählt. Das, was schon bisher geleistet wurde, ist enorm, und das ist erst der Anfang« (zit. n. Sontheimer 2011: 60).

Zwei Konnotationen schwingen in diesen Selbstzuschreibungen mit. Zum einen der Topos des Terroristen als avantgardistischer und heroischer Freiheitskämpfer, der zwar kriminelle Aktionen durchführt, aber im Gegensatz zu gewöhnlichen Kriminellen seine Taten nicht leugnet und auch keine egoistischen oder materialistischen Ziele verfolgt, sondern politische oder vermeintlich moralische Motive. Zum anderen liegt dem Anspruch, »dass sie uns nicht kriegen«, ein Aspekt des revolutionären Akteurs zugrunde, der bei Andreas Baader und Gudrun Ensslin auch noch mit einer Liebesgeschichte verbunden war. Damit war für die RAF der Bonnie-und-Clyde-Mythos geboren, das Narrativ des landesweit gesuchten Paares, das die Polizei zum Narren hält. 1967 war der namengebende Film über zwei verliebte junge Außenseiter in die Kinos gekommen, der die Botschaft transportierte: Ohne Gewalt sind die Verhältnisse nicht zu ändern! Ein Kritiker des *Rolling Stone* hatte im Erscheinungsjahr frei nach Bert Brecht geschrieben: »Eine Bank zu überfallen ist die einzig mögliche

4.1 Selbstheroisierung als »revolutionäre Avantgarde«

Art, sich mit der Gesellschaft auseinanderzusetzen, ohne den Spaß dabei zu vergessen« (zit. n. Willi Winkler in *Süddeutsche Zeitung*, 23.08.2017).

Abb. 5: Mediale Selbstinszenierung: Andreas Baader und Gudrun Ensslin als »Bonnie-und-Clyde-Paar« bei der Eröffnung des Kaufhausbrandprozesses am 14. Oktober 1968 in Frankfurt.

»Sehr viel Bonnies und ein Clyde«, zitierte der *Spiegel* die Zeitschrift *konkret* im Frühjahr 1971 und popularisierte damit die Selbstinszenierung als revolutionäres Liebespaar, bei der Gudrun Ensslin die intellektuelle heilige Johanna und Andreas Baader den tatkräftigen Macho gab. Diese Melange von RAF, romantischer Liebe und ›Bande‹ sowie Abenteuer, Flucht, Polizei und Opfer (auf beiden Seiten) hat als »romantischer Roadtrip mit Liebeskonstellation« (Baumann 2012: 217) in zahlreichen literarischen und filmischen Verarbeitungen Eingang gefunden, so beispielsweise in dem Roman *Rosenfest* von Leander Scholz (2001) sowie in den Spielfilmen *Baader* von Christopher Roth (2002) und *Der Baader Meinhof Komplex* (2008), dem nach Zuschauerzahlen bislang erfolgreichsten Film zum Thema. Auch in Fotodokumentationen wie der von

Astrid Proll unter dem Titel *Hans und Grete* (den Tarnnamen von Baader und Ensslin) herausgegebenen, werden die Medienbilder der ewig »jungen, ewig rebellischen und verzweifelten [Terroristen]« mit »erotischer Attitude« (Jan Henschen) in einer Form von Bewältigungsliteratur ohne größere Reflexion verewigt. Fakt und Fiktion werden dabei immer wieder bis zur Unkenntlichkeit vermischt.

Neben einer im linken Spektrum weit verbreiteten Gleichsetzung von »revolutionär« und »chic« dürften der aus RAF-Sicht durchaus erfolgreich zu nennende Mythos vom »Freiheitskämpfer« sowie die »Bonnie-und-Clyde-Heroisierung« auch für die Ergebnisse einer Umfrage des Allensbacher Meinungsforschungsinstitutes verantwortlich gewesen sein. Bei der im Mai 1971 veröffentlichten, seither oft zitierten und bisweilen aus dem Kontext gerissenen Umfrage gab jeder vierte Bundesbürger unter 30 Jahren an, »gewisse Sympathien« für die RAF zu hegen. 40 Prozent der Befragten billigten der RAF politische Motive zu. Sechs Prozent der Bundesbürger erklärten sich gar bereit, den gesuchten »Untergrundkämpfern« für eine Nacht Unterschlupf zu gewähren. Die Umfrage wurde von der RAF als Erfolg ihrer Strategie im Kampf um die Schaffung einer »revolutionären Massenbasis« gewertet, aber es gilt zu betonen, dass die Datenerhebung eine Momentaufnahme zu einem Zeitpunkt war, als die RAF noch keine gezielten Anschläge mit Todesopfern begangen hatte. Noch konnten die RAF-Mitglieder als fehlgeleitete Idealisten romantisiert werden, denen im Zweifel Schutz vor dem als repressiv wahrgenommenen Staatsapparat zu gewähren sei. Bereits ein Jahr später dürfte das Stimmungsbild in der Bevölkerung anders ausgesehen haben.

4.2 »Bewaffneter Kampf«

Neben diesen Mythen der Selbstheroisierung hat Wolfgang Kraushaar den »bewaffneten Kampf«, die »Isolationsfolter« und die »Gefangenenmorde« von Stammheim als die drei für den Fortbestand der RAF wirkungsmächtigsten Mythen herausgearbeitet. Mit erheblichem Begründungsaufwand versuchte die RAF, ihren Terror als Kampf für das Volk zu legitimieren, auch wenn sich schon innerhalb kürzester Zeit gezeigt hatte, dass die vermeintlich Unterdrückten und Gedemütigten in der Bundesrepublik keinerlei Anstalten machten, der selbsternannten kämpfenden Avantgarde in größerer Zahl zu folgen. Waren anfängliche Banküberfälle der im Untergrund lebenden Gruppe mit viel Verve vielleicht in manchen Anarcho-Zirkeln noch als revolutionäre Tat zu rechtfertigen, so verlor dieses Deutungsmuster aber zunehmend an Überzeugungskraft, je mehr die Attentate und Entführungen mit Todesopfern nur noch dem Selbsterhalt der Gruppe und der Befreiung von inhaftierten Kampfgenossen galten.

Zunehmend wurde deutlich, dass statt der gemeinsamen politischen Vision vielmehr die gemeinsam ausgeübte Gewalt die Gruppe zusammenhielt. Zu Beginn hatten die RAF-Mitglieder es noch geradezu meisterhaft verstanden, mit dem Begriff des »bewaffneten Kampfes« die Kraft des Terrorismus einzusetzen – und möglicherweise auch die von ihm ausgehende Faszination als Kommunikationsform zu nutzen. Denn das Potenzial des Terrorismus liegt ja darin begründet, dass es ihm gelingt, mit relativ geringem Einsatz von Personal und Mitteln eine übermäßig starke und nur schwer kontrollierbare Wirkung zu erzielen, die im Zeitalter moderner Kommunikationsmedien ihre Wirkung auf die Massen nicht verfehlt. Je mehr aus dem vermeintlich heroischen »bewaffneten Kampf« der selbsternannten Stadtguerilla aber eine »Befreit-die-eigenen-Kader-Guerilla« mit unschuldigen Todesopfern wurde, desto stärker nahm die Kraft dieses Mythos ab und umso schwerer zu beantworten wurde auch die Frage, wer hier eigentlich für wen kämpfte. Gleichzeitig wuchs die Gefahr, als einfache Kriminelle und nicht mehr als heroische Freiheitskämpfer wahrgenommen zu werden, wenn man das Leben im Untergrund verstärkt durch Bank- und Raubüberfälle finanzierte.

Schließlich gehört zum »Kampfmythos« der RAF auch das, was Peter Graf Kielmannsegg die »Faschismus-Chimäre« genannt hat. Gemeint ist damit der Versuch, die Selbstermächtigung zum »bewaffneten Kampf« als Widerstand gegen den vermeintlichen bundesrepublikanischen Faschismus zu legitimieren. Auch die Geschichte der RAF liegt im langen Schatten der deutschen NS-Vergangenheit. Die Hasstiraden der RAF gegen Eliten in Politik, Justiz und Wirtschaft trafen mit dem permanenten

Hinweis auf deren »braune Flecken« einen empfindlichen Nerv der bundesdeutschen Gesellschaft. Natürlich waren die Köpfe der RAF nicht die ersten, die diese Legitimationsdefizite der Bundesrepublik aufdeckten, aber sie verstanden es, sie für ihre Zwecke auszunutzen. Schon im Juli 1961 hatte sich Ulrike Meinhof in einer *konkret*-Kolumne unter dem Titel *Hitler in Euch* mit der kollektiven Tabuisierung des Nationalsozialismus auseinandergesetzt und formuliert: »Wie wir unsere Eltern nach Hitler fragen, werden wir eines Tages nach Herrn Strauß gefragt werden.« Der amtierende Verteidigungsminister klagte, aber es wurde kein Verfahren eröffnet – nicht zuletzt dank Gustav Heinemann, der Ulrike Meinhof als Verteidiger vertrat. Etwa zehn Jahre später hieß es dann bei der RAF, man wolle mit den eigenen Taten dem »System die Maske vom Gesicht reißen« und »die Fratze des Faschismus hervorbomben«.

Der Hinweis auf das (meist passive) moralische Versagen der Elterngeneration war eines der Grundmotive der RAF-eigenen Legitimation des Terrors. Aus psychoanalytischer Perspektive wurde der »bewaffnete Kampf« deshalb auch als Ausdruck des Bedürfnisses gedeutet, nachzuholen, was die Elterngeneration nur zum allerkleinsten Teil geleistet hatte, nämlich aktiven Widerstand gegen den Nationalsozialismus zu leisten. Scham über das vermeintliche Versagen der eigenen Eltern oder zumindest harsche Kritik an der fehlenden letzten Entschlossenheit – wie bei Ulrike Meinhof und Gudrun Ensslin, deren Väter der NS-oppositionellen Bekennenden Kirche zwar nahe gestanden, aber den Schritt zum aktiven Widerstand nicht gegangen waren –, dazu die daraus folgende (Über-)Identifikation mit den Entrechteten und Verfolgten einerseits und die Gleichsetzung der Bundesrepublik mit ihrem nationalsozialistischen Vorgängerstaat andererseits: Für diese Konstellation hat die Historikerin Jillian Becker bereits 1978 den nicht unumstrittenen Begriff des »Leidensneides« geprägt, der sich nicht auf die »Annahme der Schuld« (Becker 1978: 49 f.), sondern auf die »Zurückweisung der Schuld« bezog. Petra Terhoeven spricht hingegen in Anlehnung an den Soziologen Heinz Bude von einer »misslungenen Entidentifizierung« von den im Nationalsozialismus sozialisierten Eltern (zit. n. Terhoeven 2022: 41).

Auch die Verteidiger der RAF versuchten vor Gericht immer wieder, ihren Begründungen historische Tiefe zu geben, indem sie darauf verwiesen, dass mit der RAF eine Generation den Faschismus bekämpfe, weil ihre Eltern dies unterlassen hätten. Das Narrativ des »bewaffneten Kampfes« sollte so mit Sinn versehen werden, oder, wie es das frühere RAF-Mitglied Lutz Taufer 1992 formulierte: »Der bewaffnete Kampf in der BRD war gewissermaßen auch der Versuch einer nachholenden Résistance« (zit. n. Backes 1993: 167). Interessanterweise verzichteten die Entführer Hanns Martin Schleyers im Herbst 1977 darauf, in ihren Botschaften an die Öffentlichkeit auf die NS-Vergangenheit ihres Opfers einzugehen, das es bis zum SS-Untersturmführer gebracht hatte. Ursprünglich war von der RAF wohl geplant gewesen, ihn mit seiner ehemaligen SS-Mitgliedsnummer und einem Schild mit der Aufschrift »Gefangener seiner eigenen Geschichte« abzulichten. Aber, so das RAF-Mitglied Stefan Wisniewski 1997 in einem Interview mit der *tageszeitung* (*taz*), man habe den Entführten in der deutschen Öffentlichkeit nicht »runtermachen« machen wollen, weil er ja »austauschfähig« bleiben sollte. Im Nachhinein sah Wisniewski darin aber einen gravierenden »politischen Fehler« der RAF, denn Schleyer sei nun nur noch als Familienvater und Opfer wahrgenommen worden, nicht aber als »fetter Magnat [...] der nationalen Wirtschaftscreme«, wie ihn die RAF bezeichnet hatte. Generell aber bleibt festzuhalten, dass in diesem Aspekt der Selbststilisierung der Terroristen als Vorkämpfer eines nachzuholenden Widerstandes einer der Gründe für die Überzeugung von der eigenen moralischen Überlegenheit und der damit verbundenen skrupellosen Entmenschlichung der Opfer lag.

4.3 »Vernichtungshaft« und »Isolationsfolter«

Als weiteren zentralen RAF-Mythos, der auf gewisse Weise auch mit dem gegen die eigenen, in den Nationalsozialismus verstrickten Eltern gerichteten »bewaffneten Kampf« verknüpft ist, benennt Wolfgang Kraushaar den Vorwurf der »Vernichtungshaft« und »Isolationsfolter«. Gemeint ist damit die weit verbreitete Wahrnehmung aufseiten der Unterstützerszene, die bundesdeutsche Justiz übe keinen Strafvollzug aus, sondern unterwerfe die RAF-Terroristen als »politische Gefangene« einer besonders raffinierten Art der »sensorischen Deprivation« und damit der Folter. Im Wesentlichen begründete Ulrike Meinhof diese Strategie der gezielten Selbstviktimisierung. Ihre fast acht Monate dauernde Isolationshaft 1972/73 im Gefängnis Köln-Ossendorf (auch Astrid Proll war dort inhaftiert und wurde als Folge der verschärften Einzelhaft später für haftunfähig erklärt) in blendend weißer Zelle, bei ununterbrochenem Neonlicht und akustischer Isolation verglich sie mit Auschwitz: »Der politische Begriff für den toten Trakt, Köln, sage ich ganz klar – ist: das Gas!« Auch wenn die Kölner Haftbedingungen mehr als kritikwürdig waren: Ulrike Meinhof stellte sich so in eine Reihe mit den Opfern der NS-Vernichtungslager und phantasierte sich selbst in eine »hysterische Opfer-Identifikation« (Wolfgang Kraushaar) hinein. In der Hungerstreikerklärung vom Mai 1973 hieß es mit Bezug auf die Einzelhaft von Holger Meins in der JVA Wittlich:

> Unsere Isolation jetzt und das Konzentrationslager demnächst – ob nun unter der Regie von grünen [Polizei] oder weißen [Ärzte] Terrortrupps – kommt raus auf Vernichtungslager – Reformtreblinka – Reformbuchenwald – die Endlösung. So sieht's aus (Hoffmann 1997: 189).

Nun könnte man diese Auschwitzphantasien getrost als narzisstische Selbstviktimisierung übergehen, wenn sie und die damit verbundene permanente öffentlichkeitswirksame Thematisierung der Haftbedingungen nicht zu einem der wichtigsten Propagandainstrumente der RAF geworden wären. Sie waren gewiss eine der erfolgreichsten Mobilisierungsstrategien der Terroristen beim Aufbau von Unterstützergruppen in der Legalität. Darüber hinaus waren die Vorwürfe der »Isolationsfolter« ein zentraler Bestandteil der Eskalationsstrategie der RAF. Es sollte belegt werden, dass der »faschistische Staat« die Grundprinzipien des Rechtsstaates verletze, womit wiederum Mitleidseffekte bei Menschenrechtsgruppen und Solidaritätsbekundungen von prominenten linken Intellektuellen erreicht wurden. Jenseits der berechtigten Diskussion über die Rechtmäßigkeit der fragwürdigen Sicherheitsverwahrung blieb in der Bevölkerung vor allem ein diffuses Misstrauen gegenüber den Justizbehörden, das auch nach der späteren Verbesserung der Haftbedingungen in Stammheim kaum mehr aus der Welt zu schaffen war. Christoph Riederer hat umfassend herausgearbeitet, wie sich rund um den Vorwurf der »Isolationsfolter« und jenseits der in Teilen der Medien bisweilen hysterisch geführten Auseinandersetzung über diese Propagandalüge der RAF auch eine breite rechtlich, moralisch und ethisch fundierte Debatte entwickelte, die ausgewogen, auf hohem Niveau und von der aufrichtigen Sorge um die Humanität im Rechtsstaat geprägt sowohl in den seriösen Medien der Bundesrepublik als auch im Bundestag selbst geführt wurde (Riederer 2014: 161). Die Debatte drehte sich dabei auch um ein Urteil des Bundesverfassungsgerichts vom Mai 1973, das die Haftbedingungen der RAF-Mitglieder zwar als »nicht unerhebliche« Beeinträchtigung der Persönlichkeitsrechte der Inhaftierten, aber dennoch als zulässig bewertete und damit eine Klage der RAF-Anwälte abwies. Im Mittelpunkt der Kontroverse, die bis in die 1980er-Jahre hinein andauerte, stand immer wieder die Frage, was eigentlich Folter sei. Im Grunde genommen ging es aber um den Anspruch, dass Haftbedingungen und generell die Strafprozessordnung in einer Demokratie als Spiegel der Gesellschaft zu sehen seien. Im Kern war es eine kritisch geführte Auseinandersetzung über die Rechtsstaatlichkeit der Bundesrepublik.

In großen Teilen vor allem der linksliberalen Medien blieb dabei ein Unbehagen gegenüber den staatlichen Maßnahmen, nicht zuletzt angesichts der offen gebliebenen Frage, ob die übermäßig langen Untersuchungshaftzeiten für die RAF-Mitglieder nicht doch als »Beugehaft« zu interpretieren seien, um Geständnisse zu erpressen. Weitgehend einig war man sich darin, dass dieses Kapitel kein Ruhmesblatt für die deutsche Justiz sei. Die Reformhaftanstalt Stammheim, der erste Gefängnisneubau der Bundesrepublik, hatte bei ihrer Eröffnung im Jahr 1964 Sicherheit *und* Humanität in sich vereinen sollen (Bergstermann 2016). Dieser Anspruch galt nun allgemein als gescheitert.

In einer nächsten Eskalationsstufe wurde von den RAF-Häftlingen der eigene Körper als Waffe eingesetzt. Holger Meins hatte von der »Waffe Mensch« gesprochen, andere RAF-Mitglieder von der »Methode Mensch«. Die RAF-Inhaftierten griffen nun zum Mittel des Hungerstreiks, jeweils begleitet von ausführlichen schriftlichen Erklärungen und dem Wissen, dass die staatlichen Akteure damit noch stärker unter Druck gesetzt werden konnten. Zweifellos wirkten die Hungerstreiks radikalisierend nach außen und solidarisierend nach innen. Zwar waren auch mit diesem Mittel die Massen nicht zu mobilisieren, aber unter anderem wurde die Öffentlichkeit zur erneuten Auseinandersetzung mit den Haftbedingungen gezwungen. Ende des Jahres 1974 drängte so zum Beispiel der Rat der Evangelischen Kirche auf eine schnelle Klärung der Anschuldigungen.

Amnesty international erklärte, die Haftbedingungen der RAF-Mitglieder entsprächen nicht der Allgemeinen Erklärung der Menschenrechte bezüglich des Verbots der Folter.

Als am 20. Januar 1975 der *Spiegel* erschien, war die Sensation perfekt. Auf sechs Seiten brachte das Magazin ein klandestin entstandenes Interview, in dem die vier hungerstreikenden »Stammheimer« der Öffentlichkeit ihre Version der »Vernichtungshaft« präsentieren konnten. Und sie drohten: »Wir werden eskalieren und in den Durststreik treten.« Die Fragen und Antworten für das Interview waren vom Stuttgarter RAF-Anwalt Klaus Croissant in den siebten Stock der Stammheimer JVA hinein- und auch wieder hinausgeschmuggelt worden. Selbst das BKA sprach von einem »Musterbeispiel der Öffentlichkeitsarbeit der RAF-Gefangenen«. Was die Öffentlichkeit nicht erfuhr, war die Tatsache, dass der »RAF-Boss« Andreas Baader seine Mithäftlinge zwar mit allen zur Verfügung stehenden Mitteln zum Hungerstreik antrieb – im Fall von Holger Meins bis in den Tod –, sich selbst aber von seinen Anwälten Lebensmittel in den Knast schmuggeln ließ.

Zumindest als Teilfiasko hatte sich auch der Besuch von Jean-Paul Sartre in Stammheim wenige Monate zuvor entpuppt. Auf Einladung von Klaus Croissant traf der seinerzeit berühmteste Philosoph und von Teilen der Presse als »Revolutionstourist« gescholtene Denker am 4. Dezember 1974, dem 94. Tag des RAF-Hungerstreiks, den deutschen Staatsfeind Nummer eins, Andreas Baader, gegen den ausdrücklichen Willen des Generalbundesanwalts Siegfried Buback. Im Entwurf eines Briefes, den Ulrike Meinhof verfasst hatte und der im Namen der Hungerstreikenden der RAF an Sartre weitergeleitet werden sollte, hieß es:

> Es ist nicht notwendig, dass du uns in allem zustimmst. Was wir wollen ist, dass du uns den schutz deines namens gibst und deine fähigkeit als marxist, philosoph, journalist, moralist für das interview einsetzt, um uns die möglichkeit zu

4.3 »Vernichtungshaft« und »Isolationsfolter«

geben, dadurch bestimmte politische inhalte für die praxis des antiimperialistischen, bewaffneten kampfes zu transportieren (zit. n. Kraushaar 2017: 125).

In der anschließenden Pressekonferenz wirkte Daniel Cohn-Bendit, die Ikone des Pariser Mai 1968, als Dolmetscher. Sartre, der sich zwar deutlich von der RAF distanzierte, erhob dennoch schwere Vorwürfe gegen die Bundesrepublik. Die Haftbedingungen in Stammheim geißelte er als Folter mit dem Ziel der psychischen Vernichtung. Genauso hatte sich Baader die Instrumentalisierung des Idols der »68er«-Bewegung vorgestellt. Der Philosoph hatte 1947 in seinem Essay *Was ist Literatur?* selbst geschrieben, Wörter seien geladene Pistolen: »Wenn er spricht [der Schriftsteller]«, so Sartre in dem Text, »dann schießt er«. Oder, so Sartre in einem Interview wenige Monate vor seinem Besuch in Stammheim:

> Nach der Revolution in einem Land, wo die Bourgeoisie gestürzt wurde, verdienen Bourgeois […] die Todesstrafe […]. Eine Revolution muss eine gewisse Anzahl von Menschen, die für sie eine Gefahr darstellen, loswerden, und ich sehe dafür keine andere Lösung, als sie zu töten; aus einem Gefängnis kann man immer herauskommen (zit. n. Kraushaar 2017: 128).

Sartre selbst hatte seinen Besuch in Stammheim eher als humanitäre Aktion verstanden denn als Akt politischer Solidarität. Für die RAF aber kehrte sich zumindest in der Presse die erhoffte Solidarisierungswelle ins Gegenteil um, als bekannt wurde, dass das Treffen zwar in einem fensterlosen und neonbeleuchteten Raum der Stammheimer JVA stattgefunden hatte, dass es sich dabei aber nicht, wie der 69-jährige Existentialist glaubte, um Baaders Zelle handelte, sondern um einen Besucherraum. Die Presse schrieb anschließend nicht über die vermeintlich harten Haftbedingungen der RAF, sondern über den liberalen Vollzug mit zahlreichen Privilegien für die Inhaftierten der RAF in der »Wohnkommune« Stammheim. Das große Interesse an den ausführlichen Beschreibungen des damals zuständigen Justizbeamten Horst Bubeck (Oesterle 2003) ist letztlich nur vor dem Hintergrund der zuvor überaus hart gestalteten Haftbedingungen im »Toten Trakt« in Köln-Ossendorf zu verstehen und als Reaktion auf den öffentlichen Druck, den die »Stammheimer« mit ihrer Public-Relations-Strategie der »Vernichtungshaft« aufbauen konnten. Auf Baader jedenfalls soll der Philosoph den »Eindruck von Alter« gemacht haben. Er wisse gar nicht, ob Sartre ihn überhaupt verstanden habe, so Baader in einem Kassiber an seine RAF-Komplizen. Der Philosoph hingegen soll Baader nach dem Treffen als »Arschloch« bezeichnet haben. Solidarität drückt man gemeinhin freundlicher aus.

Auch wenn das PR-Event mit Sartre in der Presse überwiegend kritisch bewertet wurde, ließ sich aufseiten der RAF zumindest ein Teilerfolg verbuchen, weil die linke Unterstützerszene angesprochen und deren Argumentationsmuster moralisch untermauert werden konnten. Hinzu kam, dass sich einige Intellektuelle, Ärzte und auch Menschenrechtsgruppen in der Folge der »Stuttgarter Sartre-Inszenierung« öffentlich für eine Verbesserung der Haftbedingungen aussprachen. Andere hingegen verweigerten sich der Instrumentalisierung, wie etwa der Psychoanalytiker Erich Fromm, der im April 1975, kurz nach dem Sartre-Besuch, ebenfalls von Klaus Croissant nach Stammheim eingeladen wurde. Fromm lehnte allerdings mit der Begründung ab, er sei radikal gegen die Strategie und die Taktik der RAF, die er »politisch und auch menschlich abstoßend« finde (zit. n. Oesterle, 2003: 153).

Zusammenfassend lässt sich sagen, dass die Haftbedingungen der ersten RAF-Generation in Köln-Ossendorf im Nachhinein nicht schönzureden sind. Das gilt auch für spätere RAF-Häftlinge wie beispielsweise den im Mai 1977 bei einem Schusswechsel mit der Polizei schwer verletzten Günter Sonnenberg im Justizvollzugskrankenhaus Hohenasperg bei Ludwigsburg. In der kritischen Presse wurde sicherlich nicht zu Unrecht von einem »irrationalen Sicherheitsfetischismus« gesprochen (Riederer 2014: 149). Aber vor allem in Bezug auf den berühmten siebten Stock in Stammheim ist der Vorwurf der »Isolationsfolter« eindeutig als Übertreibung zu klassifizieren. Durch den geschickten Einsatz dieses Propagandainstrumentes gelang es der RAF jedoch, aus dem Gefängnis heraus eine effektive Form der Gegenanklage zu finden. Sie konnte somit Mitleids- und Solidarisierungseffekte erzielen und damit in zahlreichen deutschen Städten »Rote« und »Schwarze Hilfen« zur Unterstützung linker Aktivisten und inhaftierter »Kampfgenossen«, »Komitees gegen die Folter an den politischen Gefangenen in der BRD« (in der Bundesrepublik gab es davon mehr als 20) oder sogenannte »Knast-Camps« mobilisieren und damit den Aufbau legaler Unterstützergruppen vorantreiben. Die skandalisierten Haftbedingungen und öffentlich inszenierten Mitleids-

4.3 »Vernichtungshaft« und »Isolationsfolter«

kampagnen waren insofern auch die Basis für die Fortsetzung des »bewaffneten Kampfes«, der ja mehrmals bereits gescheitert schien. Denn aus den zahlreichen Hilfsorganisationen für inhaftierte Genossen heraus konnten neue Mitglieder rekrutiert und dazu bewegt werden, in den Untergrund zu gehen und zur Tat zu schreiten. Nicht wenige der in den »Knast-Camps« Aktiven sollten später selbst auf den Fahndungsplakaten der Behörden auftauchen.

Als im November 1974 die Bilder des völlig ausgemergelten und trotz Zwangsernährung im Hungerstreik gestorbenen Holger Meins um die Welt gingen, kam es in Frankfurt, Berlin und anderen deutschen Städten zu Demonstrationszügen mit gewalttätigen Auseinandersetzungen, bei denen sein Tod als Mord bezeichnet wurde. Damit war ein weiterer Märtyrer der RAF geschaffen – ein sich im selbstgewählten Martyrium vermeintlich aufopfernder Hungerstreikender, der Opfer eines gezielten Wegschauens des Staates geworden war. Ein Stuttgarter Gefängnisarzt hatte zudem in der Presse sowohl dem Gefängnisarzt als auch der Leitung der JVA in Wittlich schwere Versäumnisse vorgeworfen: Im Fall von Holger Meins sei trotz der gebotenen Intensivpflege rund um die Uhr der diensthabende Arzt ohne weitere Vorkehrungen ins Wochenende gegangen. In der Folge kritisierten erneut Schriftsteller wie Erich Fried, Ernst Bloch und Martin Walser wortstark die Haftbedingungen der Gefangenen. Für Birgit Hogefeld, Mitglied der dritten Generation der RAF, war der Anblick des am symbolträchtigen 9. November 1974 gestorbenen Holger Meins im Nachhinein die Weichenstellung auf ihrem Weg in die Illegalität, da er »so viel Ähnlichkeit mit KZ-Häftlingen, mit den Toten von Auschwitz« gehabt habe. Volker Speitel erinnerte sich später, der »Tod von Holger Meins und der Entschluss, die ›Knarre in die Hand zu nehmen‹, [seien] eins gewesen« (zit. n. Wunschik 1997: 206). In Politik und Justiz, vor allem bei linksliberalen Vertretern, fragte sich so mancher, ob ein Hungerstreikender in einer deutschen Justizvollzugsanstalt wirklich sterben müsse, oder ob es nicht möglich sei, im Sinne der Fürsorgepflicht des Staates für Gefängnisinsassen auch jemanden gegen seinen Willen am Leben zu erhalten. Zurück blieb vor allem eines: Misstrauen und Verunsicherung.

Die RAF-Inhaftierten praktizierten noch bis in die 1990er-Jahre hinein ihre Hungerstreikstrategie. Jan-Hendrik Schulz und Kevin Lenk haben herausgearbeitet, dass die Hungerstreiks zum einen die Funktion der Selbstvergewisserung innerhalb der Terrorgruppe hatten (wer ist bereit, für den »antiimperialistischen Kampf« zum äußersten Mittel zu greifen?), sie zum anderen als Drohgebärde gegenüber dem Staat und als Solidaraufruf an sympathisierende Gruppen fungierten. Durchhalteparolen und Märtyrervergleiche dienten dabei der Radikalisierung nach innen und außen; mögliche tödliche Folgen wurden bewusst instrumentalisiert (Schulz 2019: 33–60; Lenk 2024). Dies zeigte auch der Tod von Sigurd Debus, der sich der großen RAF-Hungerstreikkampagne im Februar 1981 angeschlossen hatte und im April 1981 an den Folgen seiner Ernährungsverweigerung starb.

4.4 Der Mythos der »Gefangenenmorde«

Als am Morgen des 18. Oktober 1977 Andreas Baader und Gudrun Ensslin tot sowie Jan-Carl Raspe und Irmgard Möller schwer verletzt in ihren Zellen im siebten Stock des Stammheimer Gefängnisses gefunden wurden (Raspe starb wenige Stunden später), war der Mythos der »Gefangenenmorde« geboren. Er war der wohl wirkungsmächtigste der RAF-Mythen, weil mit ihm in der Unterstützerszene das völlige Scheitern der »Offensive '77« verdeckt werden konnte. Darüber hinaus war die Märtyrerbildung durch die Umdeutung der Selbstmorde zu »Gefangenenmorden« der wichtigste Grund, warum es der RAF gelang, sich nach diesem Rückschlag überhaupt wieder zu revitalisieren. Die Frage, ob sich die »Stammheimer« in letzter Konsequenz des bewaffneten Kampfes selbst gerichtet hatten oder Opfer eines faschistoiden Staates geworden waren, entwickelte sich so in der Linken zum »Schibboleth« (Lenk 2024: 322).

Den Grundstein zu diesem Mythos hatte bereits der Selbstmord von Ulrike Meinhof am 9. Mai 1976 in Stammheim gelegt. Die Empörung in der »linken Szene« war groß und es kam es zu einer langanhaltenden Kontroverse, ob es nun ein Suizid oder ein staatlich geplanter und durchgeführter Mord gewesen sei bzw. ob Ulrike Meinhof durch die

»Isolationsfolter« zumindest in den Selbstmord getrieben worden sei. Diese Debatte ist vor allem auch vor dem Hintergrund zu sehen, dass nach Holger Meins auch Siegfried Hausner im Mai 1975 im Gefängnislazarett Stammheim umgekommen war. Hausner hatte bei der unbeabsichtigten Detonation einer Bombe während der Geiselnahme von Stockholm schwerste Verbrennungen erlitten. Er war kurzzeitig in Schweden behandelt, dann aber nach Deutschland ausgeflogen worden, obwohl ein schwedischer Mediziner aufgrund der Schwere der Verletzungen die Verlegung als »reines Todesurteil« bezeichnet hatte. Und nun also Ulrike Meinhof, die Mitbegründerin der RAF und einer ihrer intellektuellen Köpfe, deren »moralische Glaubwürdigkeit« als linke Journalistin das »wertvollste Startkapital« (Terhoeven 2022: 10) der RAF gewesen war.

Die Anzeichen hatten sich schon zuvor verdichtet, dass sie in der Gruppe der »Stammheimer« isoliert und in einer »verbalen sadomasochistischen« und »zerstörerischen« Beziehung mit Gudrun Ensslin (Hakemi/Hecken 2010: 56) völlig aufgerieben worden war, vor allem nachdem Gudrun Ensslin im laufenden Prozess ein ausführliches Teilgeständnis abgegeben hatte. Am Vorabend der Selbstmordnacht hatte Ulrike Meinhof, mit ihren physischen und psychischen Kräften am Ende, schon nicht mehr am gemeinsamen Hofgang in Stammheim teilgenommen. Auch hatte sie kurz vor ihrem Selbstmord an den Verhandlungen vor Gericht nur noch sporadisch teilgenommen. Schon im Oktober 1975 hatte sie Theodor Prinzing, den vorsitzenden Richter in Stammheim, auf ein Dilemma hingewiesen, das ihre zunehmende Distanzierung von der RAF-Gefangenengruppe, aber auch dessen mögliche Konsequenz zeigte:

> Die Frage ist: Wie kann ein isolierter Gefangener den Justizbehörden zu erkennen geben, angenommen, daß er es wollte, daß er sein verän…, sein Verhalten geändert hat? Wie? Wie kann er das in einer Situation, in der bereits jede, absolut jede Lebensäußerung unterbunden ist? Ihm … ihm bleibt, d. h. dem Gefangenen in der Isolation bleibt, um zu signalisieren, dass sich sein Verhalten geändert hat, überhaupt nur eine Möglichkeit, und das ist der Verrat. […] Das heißt, es gibt in der Isolation exakt zwei Möglichkeiten: Entweder […] Sie bringen einen Gefangenen zum Schweigen, […] das heißt, man stirbt daran; […] oder sie bringen einen zum Reden – und das ist das Geständnis und der Verrat […] (zit. n. Jeßberger/Schuchmann 2021: 115 f.).

Nach dem Tod von Ulrike Meinhof wurde intensiv diskutiert, ob mit dieser Aussage die Verantwortlichen aufseiten der Justiz entweder den Ausstiegswillen oder aber die Suizidabsicht der Inhaftierten missachtet hätten. Dem Sarg von Ulrike Meinhof folgten am 15. Mai 1976 auf dem Dreifaltigkeitsfriedhof in Berlin-Mariendorf rund 4000 Menschen. Manche davon bedeckten ihr Gesicht, um nicht erkannt zu werden, rote und schwarze Fahnen wurden gezeigt, auf Plakaten war »Mord« zu lesen. Die RAF-Anwälte Otto Schily und Klaus Croissant, der Moraltheologe Hellmut Gollwitzer, der Verleger Klaus Wagenbach und der Dichter Erich Fried hielten die Grabreden. Nach der Beisetzung formierte sich ein Demonstrationszug – und am Abend wurden auf dem Kurfürstendamm Fensterscheiben eingeworfen.

Schon Tage zuvor hatte beispielsweise der englische *Observer* die These in den Raum gestellt, Ulrike Meinhof sei vergewaltigt, erwürgt und dann in eine vorbereitete Schlinge gehängt worden, um einen Selbstmord vorzutäuschen. Das »Internationale Komitee zur Verteidigung politischer Gefangener in Westeuropa« (IVK), dessen bundesdeutsche Sektion in der Kanzlei des Stuttgarter RAF-Anwalts Klaus Croissant beheimatet war, behauptete später, es gäbe »beunruhigende Indizien«, die auf das »Eingreifen eines Dritten« hinwiesen. Einige weitere Personen, darunter Meinhofs Ex-Ehemann Klaus Rainer Röhl, strickten dann beharrlich an dieser Version weiter. Im Januar 1978 war es ausgerechnet Irmgard Möller, die ihren Selbstmordversuch überlebt hatte und damit ja den lebendigen Beweis dafür lieferte, dass die Toten in Stammheim nicht Opfer eines kaltblütig geplanten Mordes im Auftrag des Staates sein konnten, die vor dem Untersuchungsausschuss des Landtags von Baden-Württemberg den Mythos des Stammheimer »Gefangenenmordes« wiederholte. Diese These vertritt sie bis heute, auch wenn die Tatsache, dass weitere RAF-Mitglieder zeitgleich inhaftiert waren und nicht ermordet wurden, gegen den vermeintlichen systematischen Justizmord spricht.

Die Kontroverse um die Ereignisse von Stammheim in dieser Oktobernacht 1977 hielt lange an, nicht zuletzt, weil, so Wolfgang Kraushaar, staatliche Stellen bis heute den Vorwurf nicht wirklich entkräften konnten, dass sie gezielt nicht gegen die Selbstmordabsichten vorgegangen seien, obwohl die Gefängniszellen höchstwahrscheinlich abgehört wor-

4.4 Der Mythos der »Gefangenenmorde«

den waren. Auch für viele Bürger, die den Zielen der RAF alles andere als nahestanden, war es unerklärlich, wie es Terroristen im vermeintlich bestbewachten Gefängnis Deutschlands gelungen sein sollte, in den Besitz von Waffen und Munition zu kommen sowie ein funktionierendes Kommunikationssystem im Hochsicherheitstrakt aufzubauen.

Die Legende vom Märtyrertod blieb aber in der linksextremistischen Szene lange virulent. Noch am 18. Oktober 1990, dem Jahrestag der »Mordnacht von Stammheim«, zogen laut eines Berichts des *Spiegels* mehr als 500 teilweise vermummte Menschen durch Berlin-Kreuzberg und -Neukölln und demonstrierten mit Rufen wie »Nichts ist vergessen, nichts ist vergeben« gegen die »Bonner Mördersäue«. Zu ähnlichen Aktionen kam es auch vor dem Gefängnis in Köln-Ossendorf und in Stuttgart.

Bereits 1977 hatte jedoch Brigitte Mohnhaupt RAF-intern von einer Selbstmordaktion (*suicide action*) gesprochen – und zwar, so die an der Schleyer-Entführung beteiligte Monika Helbing, »nicht aus Verzweiflung, sondern um die Politik der RAF voranzutreiben«. Peter-Jürgen Boock zitierte später Brigitte Mohnhaupt mit dem Satz: »Wenn schon nichts anderes läuft, dann sollte diesem faschistischen Staat ihr Tod vor die Füße fallen« (*Spiegel*, 10.09.2007). Und Andreas Baader soll angekündigt haben, sein »Fall werde ein Erdbeben auslösen«. Später wurde der Mythos auch öffentlich nachhaltig erschüttert. Kurz vor der Wiedervereinigung wurden die RAF-Terroristinnen Susanne Albrecht und Monika Helbing in der DDR festgenommen. Sie sagten vor der Bundesanwaltschaft aus, die Stammheimer Häftlinge hätten von vornherein ihren Selbstmord eingeplant für den Fall, dass ihre Befreiung im Zuge der »Offensive '77« scheitern sollte. Die Geschichte vom »Mord an den Gefangenen« sei demzufolge eine von Beginn an geplante Lüge gewesen, um die Fortsetzung des »bewaffneten Kampfes« zu legitimieren, die RAF in der Öffentlichkeit ›glaubhaft‹ bleiben zu lassen und um den »faschistischen Charakter« des Staates offenzulegen. Die perfide Strategie war nun bloßgestellt und damit vor allem auch das Selbstverständnis in der linksextremistischen Szene angeknackst. Als schließlich Karl-Heinz Dellwo 1998 in einem Interview mit der *tageszeitung* (*taz*) erklärte, »wir haben der Entstehung des Mythos zugeschaut und teilweise nachgeholfen. Wir haben uns die Niederlage handhabbar gemacht« (*taz*, 27.06.1998), war der Mythos von den »Gefangenenmorden« zerstört.

5 Deutsche Befindlichkeiten: Analysen und Deutungen

Warum war der Linksterrorismus gerade in der Bundesrepublik so aggressiv? Interessanterweise haben sich Öffentlichkeit, Politik und Wissenschaft in den ersten Jahren des RAF-Terrorismus erstaunlich wenig auf wissenschaftlicher Basis mit dem für die Bundesrepublik neuartigen Phänomen des Terrorismus auseinandergesetzt. Umfassendere Analysen, die über einen individualpsychologischen oder enger gefassten kriminologischen bzw. juristischen Ansatz hinausgingen, setzten im Grunde erst nach dem Deutschen Herbst 1977 ein. Natürlich ist einer der Gründe hierfür in der »latenten Aktivitätsphase« (Elter 2015: 137) der RAF zwischen 1973 und 1975 zu sehen, in der es zwar zu keinen größeren linksterroristischen Anschlägen kam, das Thema RAF aber dennoch bereits virulent war.

5.1 Zeitgenössische Gesellschaftsanalysen

Als einer der ersten Politologen hat Iring Fetscher 1977 die zentralen »Denkfehler« der RAF analysiert. Ihre »Irrtümer«, so der Frankfurter Wissenschaftler, seien unter anderem die Vorstellungen, man könne durch Terror die Bevölkerung für eine gewaltsame Revolution gewinnen und das »System« durch die Tötung von Menschen »vermenschlichen« sowie den Befreiungskampf der kolonialisierten Völker stellvertretend in Mitteleuropa führen und dabei auch noch denken, er habe etwas mit »antifaschistischem Widerstand« zu tun. Das war die theoretische Auseinandersetzung eines linken Marxismusforschers mit dem »militanten Marxismus«. Für viele Zeitgenossen aber erschien es geradezu paradox, dass ausgerechnet die prosperierende Bundesrepublik zu einem Hauptschauplatz des internationalen Terrorismus geworden war, denn, so der Politologe Kurt Sontheimer in seiner Analyse *Die verunsicherte Republik* (1979), sie war weder eine Diktatur noch waren die sozialen Probleme so bedrückend, dass ein terroristisches Aufbegehren gegen unmenschliche Lebensbedingungen plausibel gewesen wäre. Auch bestand auf westdeutschem Boden keine Fremdherrschaft und keine korrupte Staatsbürokratie, die es zu beseitigen galt.

Für Sontheimer und Fetscher, so unterschiedlich ihre Ansätze auch gewesen sein mögen, war klar, dass die Terrorismusdebatte eine unter außergewöhnlichen Bedingungen geführte Auseinandersetzung über den Zustand der Bundesrepublik war. Die Debatte habe etwas »Künstliches«, weil es gar nicht um die konkrete Auseinandersetzung mit den Terroristen ging, mit denen man ja nicht direkt kommunizieren konnte. Es ging vielmehr darum, den jeweils anderen Kontrahenten in der Debatte »den Prozess zu machen und ihnen eine Mitschuld oder Mitverantwortung an der Entstehung des bundesdeutschen Terrorismus anzulasten« (Sontheimer 1979: 112).

Der Zivilisationsforscher Norbert Elias erweiterte die Argumentation um eine historische Komponente. Die Tatsache, dass es vor allem in den Nachfolgestaaten der ehemaligen Achsenmächte Deutschland, Italien und Japan einen besonders gewalttätigen Linksterrorismus gab, während es in den USA und in Großbritannien zwar lebhafte 68er-Bewegungen gegeben hatte, in der Folge aber keinen vergleichbaren Terrorismus, führte ihn zu der These, dass die gemeinsame Gewaltvergangenheit und die ausgebliebene »Bewältigung« der Gewaltexzesse der Diktaturen vor 1945 zu einem besonders scharfen Generationenkonflikt und zu einer besonderen Herausforderung des staatlichen Gewaltmonopols mit einem »Teufelszirkel« von Gewalt und Gegengewalt geführt habe:

> Die Dynamik dieses Teufelszirkels war in der Bundesrepublik nicht besonders spürbar, solange der wirtschaftliche Aufstieg des jungen Staates ein Gefühl der Gemeinsamkeit schuf und verstärkte. Wenn sich die wirtschaftliche Lage verdüstert und so das einzige Symbol des gemeinsamen Stolzes abbröckelt, dann tritt auch die gegenseitige Feindschaft unverhohlener zutage, und der Teufels-

zirkel der Furcht vor der Gewalttat des jeweils anderen beginnt wieder sein untergründiges Werk (Elias 1989: 542 f.).

In der Zwischenzeit argumentiert die Forschung bei der Frage, ob es sich angesichts der Parallelitäten in Sachen Linksterrorismus bei den drei »postfaschistischen« Staaten Bundesrepublik Deutschland, Italien und Japan um Kausalität oder Koinzidenz handelt, überwiegend gegen die These der »eskalationsfördernden Last des Faschismus« (Peter Fritzsche). Trotz struktureller Ähnlichkeiten werden nun eher die Unterschiede vor dem jeweiligen historisch-kulturellen Hintergrund der drei Länder betont (Hauser 2006).

Die drei prominenten Analysen von Fetscher, Sontheimer und Elias haben dennoch die ›Entwicklungspfade‹ für die moderne, gesellschaftsbezogene Terrorismusforschung gelegt. Die besondere Entwicklung des Linksterrorismus in Deutschland wird demgemäß in das Krisenempfinden der 1970er-Jahre eingebettet. Hierzu gehören neuartige Legitimationsdefizite der Bundesrepublik angesichts einer zunehmend größer gewordenen Distanz der (linken) Intellektuellen zum politischen System der Bundesrepublik, außerdem der postmaterialistische Wertewandel (Ronald Inglehart) – in den Worten von Herbert Marcuse gesprochen, die »große Weigerung« statt des Pflichtethos – und die damit einhergehende Verunsicherung der Jugend, die bis zur totalen Systemablehnung reichte. Anzuführen ist auch die in den etablierten Parteien und Verbänden stärker zutage tretende Polarisierung (z. B. durch die Notstandsgesetze und den »Radikalenerlass«) und der damit verbundene Wandel der politischen Kultur. Dieser führte zu einer Orientierungslosigkeit und erschütterte ehemals gefestigte Übereinkünfte, etwa die Frage, was Demokratie, Pluralismus, Freiheit und legitime Gewalt bedeuteten. Neben der nicht aufgearbeiteten NS-Vergangenheit und der damit einhergehenden defizitären nationalen Identität werden die ausgeprägte Staatsgläubigkeit, die historisch tradierte »Suche nach Sicherheit« (Eckart Conze) und – im europäischen Vergleich – besonders ausgeprägte Ausschlussreaktionen gegenüber der extremen politischen Linken angeführt.

Das Gros der Forscher neigt dabei heute zu der – zugegebenermaßen kontrafaktischen – Einschätzung, dass sich der bundesdeutsche Linksterrorismus anders entwickelt hätte, wenn einerseits die »Legitimationsdecke« der jungen staatlichen Ordnung nicht so dünn gewesen wäre und andererseits die Vertreter des Staates als Reaktion auf den einsetzenden Terrorismus nicht so hart gegen das weitere Umfeld der »Sympathisanten« durchgegriffen hätten. Vor dem eigenen Erfahrungshorizont der zeitgenössischen Akteure aufseiten des Staates schien jedoch die ›Weimarisierung‹ der bundesdeutschen Gesellschaft zu drohen: die Erinnerung an einen schwachen Staat angesichts politischer Gewalt auf der Straße. Weite Teile der Presse perpetuierten diese Wahrnehmung, sodass es zu offensichtlichen Überreaktionen bei Polizei, Justiz und Politik kam. Gerade vor diesem Hintergrund fiel es dann wiederum dem linksextremen Milieu leicht, das Gespenst der Repression und des drohenden Faschismus als universelle Gefahr in allen Industriestaaten an die Wand zu malen und die extreme Polarisierung voranzutreiben, in der einerseits der Staat in seiner Existenz bedroht galt und andererseits der Faschismus ungeschminkt sein Unwesen zu treiben schien – wahrlich ein Teufelskreis der Gewalt.

Eine Fülle zeitgenössischer Gesellschaftsanalysen zum Verständnis des RAF-Terrorismus entstand vor allem im Umfeld der politischen Parteien und der parteinahen Stiftungen. Dementsprechend waren sie meist in die parteipolitische Auseinandersetzung über Schuld und Verantwortung am Phänomen eingebettet oder wurden als Legitimation für eine härtere juristische Gangart benutzt. Differenzierte Stimmen gab es zwar auch, aber sie waren eher die Ausnahme. Eine noch heute lesenswerte Studie legte 1978 Sepp Binder für die Friedrich-Ebert-Stiftung vor, die für eine nüchterne, aber konsequente Auseinandersetzung mit dem Terrorismus plädierte.

Bemerkenswert war auch die Rede des Bundespräsidenten Walter Scheel anlässlich der 500-Jahr-Feier der Universität Tübingen am 8. Oktober 1977, mitten im Deutschen Herbst. Darin betonte das Staatsoberhaupt, nichts könne nun die politische Atmosphäre so sehr vergiften wie eine vorschnelle Diskussion, in der die Namen geachteter Männer und Frauen mit Mordtaten in Beziehung gesetzt würden. Vielmehr müsse man sich fragen: »Was haben wir getan, was haben wir versäumt, dass junge Mitbürger auf so furchtbare Abwege geraten konnten?« Auch unbequeme Fragen seien zu stellen, etwa:

5 Deutsche Befindlichkeiten: Analysen und Deutungen

Was haben wir zu Beginn der Studentenunruhe am Ende der sechziger Jahre, die auch moralische Antriebe hatte, den Studenten geantwortet? Waren unsere Antworten angemessen und ausreichend? Haben wir ihre Fragen überhaupt richtig verstanden? [...] Haben die staatlichen Stellen auf die Forderungen der Studenten nicht erst reagiert, als sie Gewalt angewendet hatten (zit. n. Binder 1978: 90)?

Damit zeigte sich Scheel selbstkritisch und durchaus mutig, so auch wenige Wochen später bei der Trauerfeier für den ermordeten Hanns Martin Schleyer. Eher lakonisch und gewohnt pragmatisch kam hingegen die Analyse des Stuttgarter Oberbürgermeisters Manfred Rommel daher, der an den Anfang aller Ursachenforschung über die terroristische Bedrohung die Erkenntnis stellte: »Am Terrorismus sind erst einmal die Terroristen selbst schuld.«

Kämpferischer und weitaus stärker dem Narrativ des allgemeinen Werteverfalls und der drohenden Unregierbarkeit der Republik folgend, präsentierten sich hingegen Tagungsbände und Analysen, die im Umfeld von CDU und CSU entstanden und in denen konservative Krisendiagnostiker das Wort führten. Hier wurde der parteipolitische Schlagabtausch offen geführt, etwa als Franz Josef Strauß 1979 seinen Beitrag für einen Band der Bundeszentrale für politische Bildung gewohnt dezidiert mit dem Hinweis begann, es entbehre nicht einer gewissen Ironie, »dass die Entstehung des Terrorismus [...] mit dem Regierungsantritt der sozialliberalen Koalition in Bonn« zusammenfalle. Für die »geistig-politische Bekämpfung« des Terrorismus gelte es, so der bayerische Ministerpräsident, »das Klima falsch verstandener Liberalität« abzubauen und die Bereitschaft des Bürgers zu wecken, »sich mit diesem Staat und seiner Ordnung zu identifizieren« (Bundeszentrale für politische Bildung 1979: 57). Das war – kurzgefasst – das konservative Credo des »frage nicht, was dein Land für dich tun kann, sondern was du für dein Land tun kannst«. Sein Dauerkontrahent um das Gütesiegel »härtester *law-and-order*-Politiker«, der baden-württembergische Ministerpräsident Hans Filbinger, hatte in seiner Regierungserklärung im November 1977 ins gleiche Horn gestoßen und das Brandt'sche Diktum »Mehr Demokratie wagen« in die Aussage umgemünzt, mehr Demokratie zu wagen hieße nun »zuvörderst, sich zu einer Demokratie [zu] bekennen, die wehrhaft und die selbstbewusst ist«. In der Tradition der *body politic*, die den Staat als gesunden Körper darstellt, sprach er bei der Trauerfeier für die Opfer der Schleyer-Entführung vom »Geschwür des Terrorismus«, das es auszuschneiden gelte (zit. n. Müller 2015: 224).

Andere Analysen auf konservativer Seite gingen der Frage nach, wie es in der Bundesrepublik zu dieser Gewalteskalation kommen konnte. In einem vom damaligen CDU-Generalssekretär Heiner Geißler herausgegebenen Band, der auf eine wissenschaftliche Fachtagung der CDU im November 1977 zurückging, wurden die vermeintlichen Krisensymptome wie unter einem Brennglas gebündelt. Verantwortlich waren demnach die Intellektuellen, die ihren Elfenbeinturm verlassen hätten und nun über die Medien »politische Macht« ausübten; verantwortlich sei auch der generelle Werteverlust in einer »rationalen, hochindustrialisierten Gesellschaft«, der »Desorganisation« produziere, als da wären »Verwilderung im religiösen Bereich«, der »Zerfall der gesellschaftlichen Moral« sowie die »Desorganisation der Persönlichkeitssysteme«, die sich in der Zunahme psychischer Erkrankungen (vor allem junger Menschen an Hochschulen), in Alkoholismus, Tabakwarenkonsum, Drogenkonsum, Medikamentenmissbrauch und »unsinniger Nahrungsmittelaufnahme« zeige (Geißler 1978: 43–45). Angeführt wurden auch die »Gottlosigkeit der Gesellschaft«, liberale Reformen im Schul- und Hochschulbereich sowie Sozialwissenschaften, die (bestenfalls) zum Thema schwiegen, meist aber durch ihre »Entfesselung des Demokratiepostulates« zu einem »Wirklichkeitsverlust« und zu einer Entgrenzung des Gewaltbegriffs führten.

Vor allem die Politologen, Historiker und Philosophen der Neuen Rechten der 1970er- und 1980er-Jahre fanden in der Terrorismusanalyse ein irrational aufgeladenes Betätigungsfeld, auf dem mit der gesamten »Ausgeburt der liberalen Anthropologie« seit den »68ern« abgerechnet werden konnte. In einem von Gerd-Klaus Kaltenbrunner beim Herder-Verlag herausgegebenen Band mit dem bildhaft-dramatisierenden Titel *Wiederkehr der Wölfe* waren es Herbert Marcuse und Heinrich Böll, die mit ihren Worten und Schriften zur »Ausbreitung jener Subkultur der Verweigerung, des Ekels und der Verachtung, in der Gewalt und Terror zumindest populär werden konnten«, beigetragen hätten (Kaltenbrunner 1978: 27). Der in den Buchbeiträgen umgepflügte Nährboden für den Terrorismus seien der Marxismus, die Frankfurter Schule, die »Frauenfrage«, die »pervertierte Freiheit« oder »demagogische Parolen« wie »Bil-

5 Deutsche Befindlichkeiten: Analysen und Deutungen

dung ist Bürgerrecht«. Damit wurde auf den Titel der legendären Streitschrift des liberalen Soziologen Ralf Dahrendorf aus dem Jahr 1965 angespielt, die einer der Auslöser der großen Bildungsreformen der 1960er-Jahren gewesen war.

Einen ersten umfassenden Versuch, die politischen und gesellschaftlichen Ursachen des bundesdeutschen Terrorismus zu entschlüsseln, unternahm am Ende der 1970er-Jahre das groß angelegte Forschungsprojekt *Analysen zum Terrorismus*, das von der Ständigen Konferenz der Innenminister der Länder initiiert und interdisziplinär mit Politologen, Philosophen, Psychologen und Soziologen besetzt wurde. Aus vier Teilprojekten gingen zwischen 1981 und 1984 ebenso viele Teilbände hervor, die vermeintlich wissenschaftlich fundierte Instrumente zur Terrorbekämpfung liefern sollten. Nach Bekanntwerden des Vorhabens war mit Spannung erwartet worden, welche Wissenschaftler sich für ein solches Großprojekt ›hergeben‹ würden, dessen Erkenntnisinteresse nicht zuletzt aufgrund des Auftraggebers offensichtlich war. In der Tat lieferten die Bände weithin Bekanntes und stellten unter dem Proporz- und Ausgewogenheitsdiktat, mit dem das gesamte Spektrum der bundesdeutschen Wissenschaftslandschaft repräsentiert werden sollte, die unterschiedlichen Aspekte nahezu beziehungslos nebeneinander. Auf teilweise harsche Kritik stießen dabei konzeptionelle Zugänge, bei denen der Begriff des ›Terrorismus‹ nicht ausreichend definiert wurde. Bemängelt wurde auch eine unklare Datenbasis, die aus angeblichen Sicherheitsgründen erst gar nicht offengelegt wurde. So kritisierte der Soziologe Reinhard Kreissl heftig, dass hier Autoren aus »fragwürdigen Zahlen fragwürdige Interpretationen« destilliert hätten, dass es eher um die Untersuchung des staatlich erfassten Terrorismus gehe statt um das gesamte Phänomen, und dass die Autoren zum größten Teil eine »Astroshow« geliefert hätten, eine Empirie ohne Daten.

Die Ergebnisse, die vor allem bei den »Lebenslaufanalysen« präsentiert wurden, lesen sich im Rückblick auch eher erheiternd. So seien Terroristen »Kinder überdurchschnittlich ehrgeiziger Eltern«, oftmals Studienabbrecher aus hauptsächlich kulturwissenschaftlichen Fächern, darunter auch BAföG-Bezieher, die darüber hinaus oftmals in einer Kommune gelebt hätten, um so das Erwachsenwerden zu verzögern. Im Durchschnitt hätten die Linksterroristen 1,8 Mal den Wohnort gewechselt und als ihre Hobbys wurden Reisen, Trampen, Wirtschaft und »passives Interesse an Sport« eruiert. Insgesamt, so der Kritiker Kreissl, müsse man sich nach der Lektüre der »Analysen« die Terroristen als einen »Haufen Marihuana rauchender, in Wohngemeinschaften wohnender Bettnässer mit abgebrochener Ausbildung und gestörtem Realitätsverhältnis« vorstellen (Kreissl 1983: 320). Ob auf diese Weise Wissenslücken über die Entstehung des Terrorismus zu schließen waren?

5.2 Individualpsychologische Ansätze und Personenmythen

Heinrich Albertz, der ehemalige Bürgermeister von West-Berlin, drückte im Mai 1976 nach dem Selbstmord von Ulrike Meinhof die allgemeine Ratlosigkeit aus, als er die Frage stellte, wie es dazu kommen konnte, »dass junge Menschen dieses Formats, aufgeschlossen, intelligent, engagiert, in Terror abgetrieben werden konnten« (*Deutsches Allgemeines Sonntagsblatt*, 23.05.1976). Franz Josef Strauß hatte spätestens im Herbst 1977 eine Antwort parat, als er polemisierte, die RAF-Mitglieder kämen alle aus der »Kaviarschicht der Gesellschaft«. Er zielte damit auf den überwiegend bildungsbürgerlichen familiären Hintergrund der Terroristen ab und knüpfte damit an die kursierende »Theorie krankhafter Wohlstandsluxurierung« des Politologen Martin Greiffenhagen (*Spiegel*, 31.10.1977) an.

Die oftmals konstatierte Herkunft der Terroristen aus dem gehobenen Bürgertum ließ sich beim RAF-Kollektiv zwar statistisch belegen, aber die Erklärungskraft dieses Phänomens war doch genauso begrenzt wie der Befund, dass der überwiegende Teil der RAF-Mitglieder im linksintellektuellen Milieu politisch sozialisiert worden war. Wo hätten Linksterroristen auch sonst herkommen sollen? Auch die Etikettierung als »Marx' Kinder« oder »Hitlers Kinder« führte kaum weiter und diente vielmehr der Diskreditierung des Gegners im parteipolitischen Schlagabtausch. Dabei lagen nach der einen Lesart die Gründe für den Weg in den Terror in der marxistischen Gesellschaftstheorie und nach der anderen im »deutschen Sonderweg«, der zu Hitler geführt habe und nun eben auch zu Sondertypen von Terroristen westdeutscher Prägung. Diese »Analysen« übersahen außerdem, dass ein nicht zu vernachlässigender Teil der RAF-Mitglieder eine »Heimkarriere« durchlaufen hatte oder bereits durch Jugendstrafen aufgefallen war (z. B. Peter-Jürgen Boock, Gerhard Müller, Werner Hoppe, Inge Viett, Irene Goergens oder Stefan Wisniewski). Die RAF rekrutierte sich also auch aus sozialen Brennpunktmilieus heraus, zum Teil auch aus dem klassischen Arbeitermilieu.

Individualpsychologische Erklärungsansätze dominierten von Anfang an den öffentlichen Diskurs weitaus stärker als gesellschaftspolitische Analysen. Im Zentrum standen dabei immer die »Personenmythen« (Baumann 2012) um die drei Gründungsmitglieder Andreas Baader, Gudrun Ensslin und Ulrike Meinhof. Horst Mahler hingegen ist aus dem Narrativ der Terroristenmythen herausgefallen, weil er früh verhaftet wurde und nicht in der Haft starb. Eine Rolle spielte sicherlich auch, dass sich der Dauerrenegat und Links-Rechts-Extremist später der NPD anschloss und damit aus dem Erinnerungsfokus der Linken *und* der Konservativen herausgetreten ist.

Andreas Baader
Bei Andreas Baader war das öffentliche Bild rasch geprägt. Hier funktionierte das dominante Muster reibungslos, demzufolge frühe biographische Schlüsselerfahrungen gesucht wurden, um daraus zwangsläufige Folgen zu konstruieren, statt die Vielfalt der Lebenswege und Sozialisationsmuster zu betrachten. Baaders Vita passte perfekt in das gängige (Vor-)Urteilsmuster. Sein Vater, ein promovierter Historiker und Archivar, war aus dem Krieg nicht heimgekehrt. Aufgewachsen war der zwar intelligente, aber undisziplinierte und zur Aggression neigende Schüler Andreas Baader, der das Gymnasium mit der Mittleren Reife verließ, in einem antiautoritären Umfeld im Kreis von fünf Witwen. »Verpfuscht für alle Ewigkeit«, kommentierte die *Bild-Zeitung* die vermeintlich »misslungene Jugend« (*Bild*, 05.06.1972). Der *Spiegel* zitierte Baaders Großmutter, die gesagt haben soll, er habe keinen »männlichen Mumm« besessen (*Spiegel*, 05.06.1972). So war rasch das Bild des vaterlos aufgewachsenen, manisch-depressiven und hysterischen Krawallmachers

gezeichnet, der seine defizitär ausgefüllte Geschlechterrolle als Mann mit Gewalt überkompensierte.

In München hatte Andreas Baader Anfang der 1960er-Jahre mit Auto- und Motorraddiebstählen die Karriere eines Gelegenheitskriminellen begonnen. Früh war der Ziellose hier Vater einer Tochter geworden, für die er aber nicht zu einer Bezugsperson wurde. In Berlin fand er schließlich Anschluss an die Kommune I und machte sich mit seinem angeblich »magischen Sex-Appeal«, aber auch mit Schlägereien und anderen »Aktionen« rasch einen Namen in der »Szene«, in der er vor allem mit Dieter Kunzelmann darum konkurrierte, wer von beiden bereit war, bei subversiven Tabubrüchen am weitesten zu gehen. Spätestens seit dem Frankfurter Kaufhausbrand war Baader der *hero* und »Gangsterboss«, der bereit war, statt des ewigen Theoretisierens den »Primat der Tat« zu leben. Seine Geltungssucht und seine Hochstaplerexistenz hatte er damit in eine »politische Mission« gewandelt (Wieland 2006: 344) und sich eine Aura der Authentizität geschaffen. Diese machte ihn zur Identifikationsfigur vor allem bei den sozial randständigen Jugendlichen innerhalb des RAF-Spektrums, weil bei ihm »immer was los war«. Späteren Kronzeugenaussagen zufolge war er innerhalb der RAF nicht bei allen beliebt, aber er galt als Stratege und Cheforganisator. Von den Inhaftierten in Stammheim wurde er »Generaldirektor« genannt, seine Briefe schrieb er meist mit grüner Cheftinte. Vor allem Gudrun Ensslin habe ihn, so die Baader-Biographin Karin Wieland, zur »Erlöserfigur« aufgebaut, zum Ideal des Revolutionärs. Ensslin selbst machte ihn ja auch in der RAF-internen Moby-Dick-Parabel zum Kapitän Ahab, der mit besonderem Eifer den Wal, also den Staat, jagt. Allerdings scheitert Kapitän Ahab im Originalwerk Herman Melvilles – und stirbt schließlich.

Was Andreas Baader zweifellos beherrschte, war die Selbstinszenierung getreu dem Motto, dass sich die Avantgarde selbst schafft. So wurde er über die Medien rasch zum Staatsfeind Nummer eins aufgebaut, dessen Wahrnehmung immer geprägt blieb vom Konnex des gewaltbereiten Abenteurers und des hypermaskulinen Super-Machos – kurz: der »Tatmensch mit dem Tigergang«, wie es eine Schwester von Gudrun Ensslin formulierte. Das Thema Potenz schwang bei Andreas Baader – unterschwellig oder ganz offen – immer mit. Einerseits wurde er in der Presse als viriler Revolutionär charakterisiert, dessen »Wünschelroute« die »sexuell verirrten Akademikerinnen sozusagen willenlos gefolgt« seien. Seine Anziehungskraft, so erneut die *Bild-Zeitung*, sei erst nachts voll zur Geltung gekommen: »Sie [die »Damen«] sahen (und hörten vor allem), nicht ohne Neid, wie Andreas Baader mehrmals in der Nacht die Grete [Gudrun Ensslin] zu orgiastischen Schreien brachte« (*Bild*, 15.06.1972).

Eine derartige sexuelle Codierung des Terrorismus war in den Medien weit verbreitet, vor allem auch im Hinblick auf die weiblichen Mitglieder der RAF. Aber bei Andreas Baader wurden in den öffentlich vermittelten Deutungsversuchen für den Weg in die Gewalt immer wieder defizitäre oder – in den Augen der Zeitgenossen – »widernatürliche« Geschlechterrollen bemüht. Neben der Hypermaskulinisierung Baaders kursierte mit seiner Effeminisierung aber auch der Gegenpol (Bandhauer-Schöffmann 2013: 49). In der Presse erschienen rasch Aufnahmen aus dem Jahr 1963, die ein Münchener Fotograph von Andreas Baader mit freiem Oberkörper gemacht und zusammen mit Aktfotos von Homosexuellen veröffentlicht hatte. Kolportiert wurde auch, Baader sei in seiner Münchener Zeit öfters geschminkt ausgegangen, und schließlich hatte man in seiner Stammheimer Zelle auch noch Pelze, Haarspray und Lidschatten gefunden.

In den Massenmedien blieb aber das Bild des Frauenhelden, Dandys, Rebellen, Gangsters und Romantikers dominant. Es wurde nicht zuletzt auch in zahlreichen Spielfilmen tradiert. Andreas Baader selbst hatte mit seinem Auftreten in Brecht'scher Pose des Revolutionärs während des Kaufhausbrandprozesses und mit den Fotos, die während seiner Flucht mit Gudrun Ensslin in einer Bar in Paris gemacht worden waren und die die beiden als Liebespaar im Existentialisten-Chic zeigten, sein Image zwischen Marlon Brando und James Dean erfolgreich geprägt. Auf den Fahndungsplakaten tauchten allerdings entweder alte Jugendaufnahmen oder kaum zu erkennende Fotos des meistgesuchten Staatsfeindes auf. Auch die Phase im Untergrund blieb bilderlos, sodass der Öffentlichkeit Baaders reales Aussehen bis zu seiner Verhaftung nicht bekannt war.

Als Anfang Juni 1972 der ›Dämon‹ Andreas Baader zusammen mit Holger Meins in einer Garage in Frankfurt gestellt und verhaftet werden konnte, setzte die *Bild-Zeitung* unter das Foto des entkleideten »Mannes, der Deutschland in die Luft sprengen wollte,« die Zeile: »Ein nackter Terrorist flößt keinen Schrecken mehr ein« (*Bild*, 02.06.1972). Beim zweiten Festgenommenen hieß es lapidar: »Meins kapituliert in Unterhose.« Die gemeingefährlichen Verbrecher waren ›entmannt‹, die Fotos signalisierten Entwarnung und visualisierten das vermeintliche Scheitern der RAF. Fotos des toten Andreas Baader wurden, anders als im Fall von Holger Meins, nicht veröffentlicht, um Spekulationen über die »Todesnacht« im Stammheim nicht weiter zu befeuern, aber auch um eine erneute Märtyrerbildung zu verhindern. Vielleicht hat diese visuelle Leerstelle aber den »Mythos Baader« bestärkt.

Ulrike Meinhof

Stärker noch als bei Andreas Baader war das Erschrecken des Bürgertums bei Ulrike Meinhof und Gudrun Ensslin ausgeprägt. Trotz zahlreicher Unterschiede in den Lebensläufen der beiden Frauen sind die Parallelitäten doch frappierend: Beide hatten einen protestantisch-bürgerlichen Hintergrund, beide Väter hatten der kirchlichen Opposition gegen Hitler nahegestanden. Beide Töchter waren hochintelligent und Stipendiatinnen der Studienstiftung des Deutschen Volkes (Gallus 2016). Beide Frauen hatten sich in einem Akt der totalen Selbstentbindung von ihren Familien abgewendet, beide hatten gescheiterte Beziehungen hinter sich, und beide ließen mit dem Schritt in den Untergrund auch ihre Kinder zurück. Beide waren die intellektuellen Köpfe der RAF, und beide haben sich in der JVA Stammheim im siebten Stock umgebracht, Ulrike Meinhof in Zelle 719, Gudrun Ensslin in Zelle 720 – beide erhängt am Fenstergitter.

Für beide Frauen gab es Versuche, ihre Motive medizinisch-erbbiologisch zu begründen. Bei Gudrun Ensslin standen die geistige Behinderung zweier ihrer Geschwister und der Selbstmord eines Bruders im Vordergrund der Pathologisierung der Terroristin. Bei Ulrike Meinhof war es ein Gehirntumor, der 1962 im achten Monat ihrer Schwangerschaft operiert worden war und der sich als gutartiger Blutschwamm entpuppt hatte. Der *Spiegel* präsentierte in Anlehnung an das US-amerikanische Magazin TIME gleich nach ihrem Tod die verwegene Theorie, dass eine bei der Gehirnoperation implantierte Silberklammer verantwortlich sei für diese »Jekyll-Hyde-Verwandlung« (*Spiegel*, 17.05.1976). Nach ihrem Selbstmord wurde ohne Wissen der Angehörigen das Gehirn der Toten entnommen und untersucht, ob sich medizinische Gründe für ihre Persönlichkeits-

5 Deutsche Befindlichkeiten: Analysen und Deutungen

veränderung und ihre Entwicklung zur Terroristin finden ließen – ein geradezu skurriles Vorgehen. Zumindest aber wurde posthum immer wieder angezweifelt, ob Ulrike Meinhof aufgrund ihrer früheren Erkrankung während des Prozesses in Stammheim überhaupt schuldfähig gewesen sei. Erst im Jahr 2002, also 26 Jahre nach ihrem Tod, wurde das auf mehrere pathologische Institute in Deutschland verteilte Gehirn der toten Terroristin ihren beiden Töchtern ausgehändigt, die es nun im Grab ihrer Mutter beisetzen konnten.

Ulrike Meinhof hat aus mehrerlei Gründen immer eine Sonderstellung in der öffentlichen Wahrnehmung der RAF-Terroristen eingenommen. Zum einen war ihre »tragische Fallhöhe« besonders groß. Zwar hatte sie sich schon mehrere Jahre in der »kleinen« Illegalität für die verbotene KPD engagiert, aber der Schritt hin zum »bewaffneten Kampf« war doch von anderer Qualität. Der öffentliche Schock über die Selbstermächtigung zum Morden saß in ihrem Fall besonders tief. Sie war eine der profiliertesten Stimmen der Neuen Linken in der Bundesrepublik und kam dennoch mitten aus der *society*. Sie war aus den Medien bekannt, galt als charismatische Figur innerhalb der antiautoritären Bewegung und genoss als Journalistin auch jenseits der linken Blätter Ansehen oder zumindest Respekt als Vertreterin des neuen Typus der *public moralists* (Stefan Collini), die schließlich aber die »Waffe der Kritik durch die Kritik der Waffen ersetzte« (Terhoeven 2016: 214).

Noch 1962 hatte die *konkret*-Kolumnistin geschrieben: »Schießenderweise verändert man nicht die Welt, man zerstört sie. Verhandelnderweise bringt man sie weiter, verhindert Zerstörung« (*konkret* 7/1962). Acht Jahre später äußerte sie sich vor dem Hintergrund der Baader-Befreiung in einem Interview mit der befreundeten französischen Schriftstellerin Michèle Ray, über das der *Spiegel* berichtete: »Bullen sind Schweine, der Typ in Uniform ist ein Schwein, das ist kein Mensch. [...] Das heißt, wir haben nicht mit ihm zu reden, [...] und natürlich kann geschossen werden« (*Spiegel*, 15.06.1970). Dieser radikale Wandel war vielen unerklärlich, darunter auch jenen zahlreichen Freunden und Kollegen aus dem linksintellektuellen Milieu, die sich in besonderer Weise um sie kümmerten und sie auch in ihren jeweiligen Presseorganen thematisierten. Vielleicht ist in dieser Vernetzung und dem Selbstverarbeitungsanspruch ihres Milieus auch der Grund zu sehen, warum Ulrike Meinhof zahlreiche einfühlsame Biographen gefunden hat, denen es allerdings kaum gelungen ist, die Frage nach dem »Warum« befriedigend zu beantworten. Zu Gudrun Ensslin hingegen liegen bislang nur zwei seriös zu nennende Biographien aus einer Hand vor. Darin wird die junge Frau aber vor allem vor ihrem literarischen Hintergrund beleuchtet. Dem selbstgesetzten Anspruch, den Weg in den Rausch der Gewalt zu erklären, werden die Arbeiten jedoch nicht gerecht (Gleichauf 2017 und 2024).

Die Nähe Ulrike Meinhofs zu zahlreichen Linksintellektuellen führte jedenfalls dazu, dass man ihr in der öffentlichen Wahrnehmung oftmals ›echte‹ politische Motive und intellektuelle Verzweiflung nicht absprechen wollte. So wurde das Bild der »glaubwürdigsten Gestalt der deutschen Terrorszene« (Seifert 2006: 350) gezeichnet, einer modernen Antigone oder Jeanne d'Arc, einer fehlgeleiteten Idealistin, die sich im konkreten Umgang mit Waffen nicht sonderlich geschickt angestellt haben soll, stattdessen aber immer etwas theorielastiger war als der Rest der Gruppe. Die Aussage von Erich Fried in seiner Rede am offenen Grab von Ulrike Meinhofs, sie sei »nicht nur die beste Journalistin der Bundesrepublik, sondern auch die bedeutendste Frau seit Rosa Luxemburg« gewesen (zit. n. *Bild*, 17.05.1976), trug sicherlich auch zu einer gewissen Verklärung bei.

Gudrun Ensslin

Gudrun Ensslins Name war zwar kein Bestandteil der anfänglich verbreiteten Bezeichnung der RAF als »Baader-Meinhof-Bande«, sie war aber gleichwohl prägend für die erste Generation der Terrorgruppe. Anders als Ulrike Meinhof war sie nicht vaterlos aufgewachsen, sondern in einem evangelischen Pfarrhaus, das vor allem mütterlicherseits pietistisch geprägt war. Wird der Name Gudrun Ensslin genannt, so folgt in aller Regel auch gleich der Zusatz: »die Pfarrerstochter aus Bartholomä auf der Schwäbischen Alb«. Das klingt nach moralischer Enge und konservativer Prüderie, aber vor allem der Vater Helmut Ensslin war eben auch ein liberaler Intellektueller und ein Künstler, den der Politologe Martin Greiffenhagen 1977 als »elitären Eskapisten mit Wandervogelvergangenheit und zivilisationskritischer Grundhaltung« bezeichnete (*Spiegel*, 31.10.1977).

Schon unmittelbar nach ihrer Festnahme interpretierte der Journalist Werner Birkenmaier von der *Stuttgarter Zeitung* (08.06.1972) den »seltsamen Werdegang« der Gudrun Ensslin. Er kam dabei zu dem Schluss, der Grund für ihre Unfähigkeit, sich in die bürgerliche Gesellschaft einzufügen, müsse nicht nur im elterlichen Pfarrhaus, sondern generell in der Geschichte des württembergischen Protestantismus gesehen werden. Denn revolutionäres Denken habe hier Tradition – und als Beleg führte der Journalist neben dem jungen Friedrich Schiller, der aus Württemberg geflohen war, das »schwäbische Dreigestirn« Hegel, Hölderlin und Schelling an. Das war starker Tobak: Bombenlegen als Ausbruch aus der Enge der protestantisch-pietistischen Innerlichkeit – Terrorismus als fehlgeleitete protestantische Ethik, als heiliger Eifer, als *bad religion!* Der junge Gerichtsreporter Birkenmaier fand sich umgehend auf einer von CDU und CSU geführten »Baader-Meinhof-Sympathisantenliste« wieder.

Einen der Grundsteine dafür, dem protestantischen Hintergrund eine solche Bedeutung beizumessen, haben die Eltern von Gudrun Ensslin selbst gelegt, als sie sich nach der Verurteilung ihrer Tochter im Frankfurter Kaufhausbrandprozess in einem Interview zu Wort meldeten. Sehr rational und klug habe seine Tochter immer überlegt, so der Vater Helmut Ensslin. Ein »begabtes und fleißiges Menschenkind« sei sie, das »den Zustand einer euphorischen Selbstverwirklichung« erreicht habe, so wie man auch vom »heiligen Menschentum« rede. Die Tat seiner Tochter verurteile er natürlich, aber wichtiger als die Brandstiftung selbst sei für ihn, dass »ein Menschenkind, um zu einer Selbstverwirklichung zu kommen, über solche Taten« hinweggehe. Die Mutter Ilse Ensslin ergänzte:

> Ich spüre, dass sie mit ihrer Tat auch etwas Freies bewegt hat, sogar in der Familie. Plötzlich […] bin ich selbst befreit von einer Enge und auch Angst, die […] mein Leben hatte. Vielleicht auch kirchliche Konvention. Das alles hat Gudrun immer sprengen wollen, und ich habe es verhindern wollen. Dass es Menschen gibt, die weitergetrieben werden, aus der Konvention heraus, zu Taten, die ich nicht übersehen kann, aber in zehn Jahren als berechtigt anerkennen muss (zit. n. Aust 2010: 115).

Ein Frankfurter Gerichtsmediziner und Psychiater, der mehrere lange Gespräche mit Gudrun Ensslin geführt hatte, sekundierte: »Sie hatte eine heroische Ungeduld. […] Sie wollte nicht mehr warten. Sie wollte in die

5.2 Individualpsychologische Ansätze und Personenmythen

Tat umsetzen, was sie letztlich im Pfarrhaus gelernt hatte« (zit. n. Aust 2010: 110). Manche Verbindungen zwischen dem Protestantismus und der RAF sind in der Tat bemerkenswert. Aus der nicht unumstrittenen Datengrundlage der *Analysen zum Terrorismus* war herauszulesen, das 68 Prozent der vom Bundeskriminalamt erfassten Linksterroristen aus dem evangelischen Milieu stammten, deutlich mehr als der Anteil der Protestanten an der gesamten deutschen Bevölkerung. Nur 26 Prozent hatten aktenkundig katholischen Hintergrund. Neben Ulrike Meinhof und Gudrun Ensslin stellten mit Jörg Lang, Christine Kuby und Annette von Wedel die Kinder evangelischer Pfarrer auch einen hohen Anteil an den RAF-Mitgliedern. Neben die persönlichen Momente traten die religionskulturellen Deutungen des Protestantismus. Gerhard Schmidtchen, einer der Autoren der »Lebenslaufanalysen« in den *Analysen zum Terrorismus*, sprach vom »Freisetzungspotenzial« der protestantischen Kultur, das hier »ungebrochen zur Wirkung« komme. Die »mystische Komponente des deutschen Protestantismus« mache sich in der »Betonung der Autonomie der eigenen Überzeugungen« bemerkbar:

> Es kommt darauf an, dass man von irgendetwas überzeugt ist. Dies verleiht dem Handeln letzte Evidenz und Legitimation, nicht etwa in Bezug auf eine soziale Verantwortung, wie sie für den katholischen Gewissensbegriff typisch ist. [...] Alles wird richtig, wenn nur die Überzeugungen richtig sind; und diese sind richtig, wenn man von ihnen ergriffen ist. Soziale Konsequenzen, und das heißt auch menschliche Opfer, sind dann sekundär. Ein religiös inhaltsleer gewordener Protestantismus ist das formale Erziehungsgefäß für Ideologen und politische Überzeugungstäter (Analysen zum Terrorismus 1981, Bd. 2: 31 f.).

Natürlich hatte sich der Katholizismus in der jüngeren deutschen Geschichte im Großen und Ganzen als weniger anfällig für die Verführung durch ideologische Heilsversprechen erwiesen. Natürlich war auch das »protestantisch konnotierte Kontinuitätsmoment zwischen Eltern und Kindern in der antifaschistischen Einstellung« sowie die »Ausnahmemoral für einen Ausnahmezustand« (Herrmann 2006: 648 und 650) nicht zu übersehen, aber die Analyseergebnisse von Gerhard Schmidtchen waren dann doch recht holzschnittartig. Martin Greiffenhagen, einer der führenden Forscher zur politischen Kultur in der Bundesrepublik, drückte es etwas feinfühliger aus, als er im *Spiegel* bei Ulrike Meinhof und Gudrun

Ensslin folgende, in ihrer protestantischen Sozialisation fußende Elemente wiedererkannte: das Gebot, die eigene Glaubensentscheidung gegen die Widerstände und ohne Rücksicht auf persönliche Nachteile durchzusetzen; eine hohe Leidensbereitschaft im Sinne einer radikalen Existenz; ein elitäres Außenseiterbewusstsein in kleinen Zirkeln; schließlich auch ein elitärer Widerstand gegenüber der angepassten Masse (*Spiegel*, 31.10.1977).

Was bleibt also von dieser »Protestantismus-Debatte« rund um die RAF? Zum einen ist zu betonen, dass die geschilderten Ansätze für einzelne Mitglieder der ersten Generation der RAF sicherlich nicht gänzlich von der Hand zu weisen sind. Aber diese Befunde gelten eben nur für ein Segment dieser Gruppe und schon gar nicht für die nachfolgenden Generationen der RAF. Darüber hinaus – und das betonte auch bereits Martin Greiffenhagen – kann es nicht angehen, einen ursächlichen Zusammenhang zwischen Protestantismus und Terrorismus zu konstruieren, wie es von einzelnen Politikern getan wurde, etwa wenn Helmut Gollwitzer von Vertretern der Berliner CDU als einer der »Väter des Terrorismus« diffamiert wurde, der zusammen mit Heinrich Böll die »Saat der Gewalt« im Lande gepflegt habe (zit. n. Herrmann 2006: 652). Denn der entscheidende individuelle Schritt vom politisch legitimen und vor allem legalen Widerstand hin zum Mord ist damit nicht zu erklären. Generell sind für die bundesdeutsche Geschichte der 1960er- und 1970er-Jahre eher die Verdienste des »linken« Protestantismus zu würdigen, denn aus ihm heraus kamen auch in Zeiten höchster hysterischer Verzerrungen zahlreiche liberale Ansätze sowie das stete Bemühen, hinter den terroristischen Tätern immer auch die Menschen zu sehen und den vermittelnden Kontakt zu ihnen nicht abreißen zu lassen.

Aber zurück zu Gudrun Ensslin: Jenseits ihrer biographischen Einordnung zwischen protestantischem Sendungsbewusstsein und RAF-Absolutheitsanspruch haben Publizisten und Medienmacher über die Jahre hinweg ganz unterschiedliche und teilweise auch widersprüchliche Bilder von ihr gezeichnet. In ihren Tübinger Studienjahren wird sie als Typus der begabten Sekretärin an der Seite ihres Verlobten Bernward Vesper interpretiert, des Sohnes des NS-Schriftstellers Will Vesper. Betont wird hier vor allem die verfahrene Liebesbeziehung mit dem drogenbenebelten APO-Verleger, der mit dem Roman *Die Reise*, der 1977 nach seinem

Selbstmord posthum veröffentlicht wurde, ein Kultbuch der Linken geschaffen hat. Gemeinsam mit ihm engagierte sich Gudrun Ensslin 1965 dann in Berlin im von Günter Grass, Hans Werner Richter und Klaus Wagenbach organisierten »Wahlkontor deutscher Schriftsteller« für Willy Brandt und die »EsPeDe«, bevor die pogromartige Stimmung nach der Erschießung Benno Ohnesorgs auch für sie zum radikalisierenden »Erweckungserlebnis« wurde.

Vielleicht hat Gudrun Ensslin von der ›großen Aufgabe‹ geträumt, bis dann eben Andreas Baader ins Spiel kam und aus dem »Mädchen«, wie die Boulevardpresse die Frauen in der RAF oftmals nannte, der ›gefallene Engel‹ und die ›erotische Kämpferin‹ wurde. Vielleicht sind hier Geltungssucht (Baader) und Kompromisslosigkeit (Ensslin) eine verhängnisvolle Mesalliance eingegangen. Gudrun Ensslin nannte sich selbst immer wieder die Sekretärin von Andreas Baader, womit sie sich selbst in den Schatten des vermeintlich heroischen Guerillakämpfers stellte. Wenn sie ihre Zelle in Stammheim allerdings als »Sekretariat« bezeichnete, so klang dabei auch die Konnotation der obersten Parteiinstanz mit, die der Begriff im kommunistischen Jargon hat.

Auf der einen Seite dominiert bei Gudrun Ensslin das Image der hochbegabten, sensiblen und ausgesprochen emotionalen Frau, die an der Gesellschaft verzweifelt sei. Dabei werden der RAF-Intellektuellen mit vermeintlich exemplarischem Lebenslauf der »68er«-Generation Glaubwürdigkeit und Authentizität zugesprochen. Insofern sei sie eigentlich eine würdige Vertreterin der deutschen Kulturnation, aber eben gescheitert an ihrem kompromisslosen Idealismus – eine Überzeugungstäterin aus ursprünglich hehren Motiven heraus. Hier dürfte auch eine nicht zu übersehende Schnittmenge mit Ulrike Meinhof liegen, wenngleich die *konkret*-Kolumnistin aufgrund ihres Bekanntheitsgrades stärker im Fokus der Öffentlichkeit stand. Beide Frauen hatten sich persönlich näher kennengelernt, als Ulrike Meinhof im Oktober 1968 Gudrun Ensslin nach dem Frankfurter Kaufhausbrand im Gefängnis in Frankfurt-Preungesheim für ein Interview besuchte. Die Ältere und Erfahrenere dürfte bei dem schicksalhaften Treffen von der Jüngeren und Entschlosseneren durchaus beeindruckt gewesen sein. Zumindest erkannte Ulrike Meinhof eine ›Schwester im Geiste‹, die den ersten Schritt schon getan hatte. Nach dem Besuch schrieb Ulrike Meinhof: »Das progressive Moment einer

Warenhausbrandstiftung liegt nicht in der Vernichtung der Waren, es liegt in der Kriminalität, im Gesetzesbruch« (zit. n. Koenen 2004: 189). Irgendwo zwischen dem tödlichen Schuss auf Benno Ohnesorg, den die Wochenzeitung DIE ZEIT einen »Schuss in viele Köpfe« nannte, der Idealistin Ulrike Meinhof und dem gewaltexzessiven Andreas Baader, zwischen moralisch-ideologischem Anspruch und gewissenlosem Tatendrang ist dann bei Gudrun Ensslin der radikale Bruch zu suchen, der auf der anderen Seite zur Interpretation als eiskalter und brutaler Racheengel führte. Hier dominierte in den Medien das Bild der mit schwarz umrandeten Augen geschminkten Existentialistin in roter Lederjacke, die von elitärem Hochmut und gewalttätigen Allmachtsphantasien getrieben war und sich selbst als revolutionäre Avantgarde verstand, die brutale RAF-Logistikerin im Untergrund und Meinhof-Konkurrentin in Stammheim, die sich kaltblütig durchsetzte, während Ulrike Meinhof schließlich ihre destruktiven Impulse gegen sich selbst richtete und den Selbstmord wählte.

5.3 Die RAF und die »Frauenfrage«

Ulrike Meinhof und Gudrun Ensslin waren auch der ursächliche Grund, dass die zeitgenössische Öffentlichkeit von der Frage umgetrieben wurde, warum vermeintlich so viele Frauen unter den RAF-Mitgliedern zu finden waren. In der Presse kursierten Bezeichnungen wie »Horrormädchen«, »Meinhofs grausame Mädchen«, »neue Amazonen«, »phallische Frauen« und »Flintenweiber«. Rudolf Augstein, der *Spiegel*-Herausgeber, bezeichnete seine frühere *konkret*-Kollegin Ulrike Meinhof auch als »Priesterin der Gewalt« (*Spiegel*, 02.06.1975).

Gewiss, zeitweise lag der Anteil der Frauen unter den gesuchten RAF-Mitgliedern bei fast 60 Prozent. Im Deutschen Herbst 1977 waren auf den Fahndungsplakaten von 16 gesuchten Terroristen zehn Frauen. Die Zahlen relativieren sich allerdings, wenn man alle Personen betrachtet, nach denen über einen längeren Zeitraum hinweg gefahndet wurde. Von 112

5.3 Die RAF und die »Frauenfrage«

Gesuchten der RAF und der »Bewegung 2. Juni« waren es dann noch 54 Frauen (48 Prozent). Bei den von den Innenministern der Länder initiierten *Analysen zum Terrorismus* lag der weibliche Anteil bei 33 Prozent. Auch im internationalen Vergleich war dieser Anteil bei vergleichbaren linksterroristischen Vereinigungen ähnlich.

Im Deutschen Herbst, als die Neue Frauenbewegung der 1970er-Jahre bereits eine erste Um- und Neuorientierung der Rolle der Frau in der bundesdeutschen Gesellschaft erreicht hatte, titelte der *Spiegel* vom 8. August 1977: »Die Terroristinnen: Frauen und Gewalt«. Noch Mitte der 1960er-Jahre, so das Magazin, das nicht nur bei diesem Thema erstaunlich boulevardähnliche Strategien zeigte, habe sich die »Weibergewalt« vor allem auf der Leinwand und in Comicstrips gezeigt. Nun aber sei es gesellschaftliche Realität, dass sich »höhere Töchter aus zumeist feinen Familien mit selbstzerstörerischer Lust in die Niederungen von Mord und Totschlag« begeben hätten. Schluss sei nun mit »Bonnie and Clyde«, stattdessen sei die »äußerste Grenze menschlicher Perversion« überschritten. Auslöser für das massive Hochkochen des Themas war die Tatsache, dass Susanne Albrecht bei der Ermordung von Jürgen Ponto als Türöffnerin fungiert hatte. Unter dem Titel *Der Tod und das Mädchen* schrieb die *Welt* unmittelbar nach dem Mord an Ponto, nicht einmal die Nazis seien zu solch einer »Gemeinheit« fähig gewesen.

Der ausführliche *Spiegel*-Beitrag vom Sommer 1977 fasste dann im Grunde alle seit 1972 gängigen Erklärungsversuche für die Radikalisierung der Frauen in der RAF zusammen. Angeführt wurde vor allem das Muster der psychisch kranken Frau. Prototyp hierfür war Ulrike Meinhof und ihre Krankheitsgeschichte. Ihr Ex-Ehemann Klaus Rainer Röhl hatte schon 1972 die These befeuert, wonach die 1962 bei ihr durchgeführte Gehirnoperation zu einer »Schwächung der ganzen seelischen Grundstruktur« geführt und »schon vorhandene Charakterzüge radikalisiert« habe (*Spiegel*, 26.06.1972). Im Sommer 1973 hatte ein BGH-Untersuchungsrichter angeordnet, zur Feststellung ihrer Zurechnungsfähigkeit den Schädel der Angeklagten röntgen und eine Szintigraphie ihres Gehirns vornehmen zu lassen, notfalls auch gegen ihren Willen. Das Vorhaben scheiterte an einem offenen Protestbrief von rund 70 Medizinern und vor allem an der Bundesanwaltschaft (Riederer 2014: 141). Hinzu trat die These des US-amerikanischen Psychoanalytikers und Terrorforschers

Friedrich Hacker, der ohne Belege behauptete, Meinhofs Vater sei an schweren Depressionen über die »eheliche Untreue« seiner Frau gestorben. Das daraus resultierende schwere Trauma der sechsjährigen Ulrike Meinhof – ein vermeintliches Musterbeispiel für einen schweren Ödipuskomplex – erkläre ihre Radikalisierung. Auch das sogenannte Patty-Hearst-Syndrom bemühte der ›Experte‹. Benannt ist es nach der 1974 entführten Millionenerbin eines US-amerikanischen Medienmoguls, die als Geisel gefoltert und vergewaltigt worden, aber trotzdem zu ihren Kidnappern übergelaufen war (dieser Aufbau eines positiven emotionalen Verhältnisses zwischen Geisel und Entführern wird auch »Stockholm-Syndrom« genannt). Der Vergleich hinkte etwas, denn Friedrich Hacker leitete daraus ab, dass sich »gewisse Frauen« nur »mit einem Gewehr in der Hand wirklich emanzipiert vorkommen« könnten (*Spiegel*, 17.05.1976).

Hinzu trat das Erklärungsmuster einer defizitär ausgefüllten Geschlechterrolle der Frauen in der RAF als Grund für deren Entscheidung, in den Untergrund zu gehen. Dieser Schritt wurde darüber hinaus noch als geradezu libidinös motiviert gedeutet. Lediglich die Pille sei demnach schuld, dass die Terroristinnen »nun einen neuen Kitzel der Gefahr« suchten. Darüber hinaus hätten sich Gudrun Ensslin und Ulrike Meinhof nur den weiblichen Fürsorgezöglingen gewidmet, weil sie beide gleichgeschlechtlich veranlagt seien. Immer wieder wurde auch kolportiert, die Mehrzahl der weiblichen Mitglieder der Terrorgruppe seien lesbisch oder bisexuell veranlagt (*Spiegel*, 07.08.1972).

Neben das Erklärungsmuster der gescheiterten bürgerlichen Frau, das ebenfalls vor allem für Ulrike Meinhof und Gudrun Ensslin bemüht wurde und demzufolge der Terror der beiden Frauen gegen die Gesellschaft nicht politisch, sondern aus privater Rache heraus motiviert sei, trat der Topos der sexuellen Befreiung aus der bürgerlichen Ehe und die »Emanzipation mit der Waffe in der Hand«. Hier wurde der konkrete Bezug zur Frauenbewegung offensichtlich, erneut festgemacht an Ulrike Meinhof, die in den 1960er-Jahren nicht nur eine vielgelesene linke Kolumnistin, sondern auch eine der führenden Frauenrechtlerinnen der Bundesrepublik war.

Dieser Topos der »neuen Amazonen«, denen es nur darum gehe, »Waffengleichheit« zwischen den Geschlechtern herzustellen, erhielt nochmals enormen Auftrieb, nachdem es Monika Berberich (RAF), Juliane Plambeck, Gabriele Rollnick und Inge Viett (damals noch »Bewegung 2. Juni«) im Juli 1976 gelungen war, aus der Frauenhaftanstalt Lehrter Straße in Berlin auszubrechen. »Das ist eine Riesensache«, titelte der *Spiegel* am 12. Juli 1976, in dem auch in der Folge immer wieder von »weiblichen Supermännern« und vom »Exzess der Emanzipation« zu lesen war. Es gab zwar Stimmen, die darauf hinwiesen, dass sich Frauen auch schon vor der modernen Emanzipationsbewegung terroristischen oder anarchistischen Organisationen zugewandt hätten. Aber das hielt auch Günther Nollau, bis 1975 Chef des Bundesamts für Verfassungsschutz, nicht davor zurück, vom »Exzess der Befreiung der Frau« zu reden (*Spiegel*, 12.07.1976). Der »Sisters-in-Crime-Konnex« wurde dann perfektioniert, als die neu gegründete feministische Zeitschrift EMMA Christine Ensslin, die Schwester von Gudrun, als Sekretärin anstellte, weil sie im Zuge einer Art von ›Sippenhaft‹ als enge Verwandte einer Terroristin arbeitslos geworden war. Überhaupt wehrte man sich auf feministischer Seite massiv gegen die Tendenz, den Kampf gegen den Terrorismus zum Kampf gegen die Emanzipation ausarten zu lassen. Oftmals blieben diese Bemühungen erfolglos, wenn etwa, wie Alice Schwarzer berichtet, das neue Schimpfwort für energisch auftretende Frauen nicht mehr »Lesbe«, sondern »Terroristin« gewesen sei (Schwarzer 1981: 91).

Zusammenfassend lässt sich zur »Frauenfrage« bei der RAF vor allem festhalten, dass es keine geschlechtsspezifischen Besonderheiten am Linksterrorismus gibt. Frauen waren an ihm genauso beteiligt, wie sie zuvor bereits Teil der Jugend- und Studentenproteste waren – und dies im selben Maße, wie sie – statistisch gesehen – ihren Anteil an der Bevölkerung stellten. Auch haben diejenigen Terroristinnen, die sich im Nachhinein zu ihrer RAF-Mitgliedschaft äußerten (z. B. Inge Viett), durchweg einen feministischen Zugang oder Impetus für ihr Agieren von sich gewiesen. Die einzige Ausnahme ist hier der Insiderbericht von Beate Sturm, die am 7. Februar 1972 im *Spiegel* schrieb:

> Eins fand ich damals klasse: dass man als Frau wirklich emanzipiert war, dass man manche Sachen einfach besser konnte als die Männer. Wir haben uns einfach stärker gefühlt.

Wolfgang Kraushaar (2017: 155–162) arbeitete den immer wieder ins Spiel gebrachten vermeintlich weiblichen Aspekt der »konsequenteren Normerfüllung« heraus, der zusammen mit anderen zeitgenössischen Zuschreibungen wie »kalter Perfektionismus«, »hysterisch gestimmter Aufschrei«, »affektive Überreaktion«, »moralischer Amoklauf« oder »weiblich gestiftete Gegenmoral« als Erklärungsversuch für die »weibliche Selbstermächtigung zur rächenden Tat« angeführt wurde. Zugleich betont er aber auch, dass letztlich empirische Untersuchungen dazu fehlen. *Communis opinio* dürfte sein, dass weder die Psychopathologisierung der Frauen in der RAF noch die Fortschreibung tradierter weiblicher Geschlechterattribute und -rollen in dieser Frage weiterführen. Insofern ist es fraglich, ob die »Mission mit der Waffe« ein, so Kraushaar, »in seinem innersten weiblich geprägter Terrorismus« war.

Wohl aber diente der in den Medien und vor allem von konservativen Politikern geführte und geradezu obsessiv sexualisierte »Frauendiskurs« dazu, die originär politische Motivation der Terroristinnen – und damit auch den Terrorismus generell – zu verschleiern und die Neue Frauenbewegung zu pathologisieren und zu diskreditieren. Insofern sagt die Auseinandersetzung mit dieser »Frauenfrage« vor allem etwas über das konservativ geprägte Frauenbild der bundesrepublikanischen Gesellschaft der 1970er-Jahre aus.

Weil die Neue Frauenbewegung als besondere Bedrohung eines konservativen Wertekanons und einer tief verwurzelten Ordnung der Geschlechter empfunden und gedeutet wurde (Terhoeven 2008a: 437), fand dieser »Kulturkampf« zwischen »liberaler Emanzipation und konservativer Restauration« (Balz 2006: 320) in einer geschlechterstereotypischen Aufladung des Terrorismusdiskurses ein wirkmächtiges Ventil. Dazu wurde von den nicht zuletzt auch von kommerziellen Interessen geleiteten Medien (*sex sells*) das Bild der von Männern verführten, fanatischen, irregeleiteten, überemanzipierten oder sexuell überstimulierten »Horrormädchen« gezeichnet. Diese Vorstellungen wurden von Teilen des politischen Spektrums aufgegriffen und nicht zuletzt auch von Vertretern der Neuen Rechten pseudowissenschaftlich untermauert (z. B. Kaltenbrunner 1978: 54–67). Selbst von den Strafverfolgungsbehörden wurden solche Deutungsmuster bereitwillig aufgegriffen (Diewald-Kerkmann 2009). Das Ziel war letztlich die Stigmatisierung und auch Kriminalisierung der Frauenbewegung, die für die Apologeten der ›natürlichen‹ Ordnung der Gesellschaft ein willkommener Sündenbock war. Häufig fand erst im Tod die deviante, »verführte« Terroristin den Weg zurück in diese Ordnung – ein Bild, das sich seit Petra Schelms Tod auch medial transportieren ließ (Lenk 2024: 55–60). Beim öffentlich verhandelten Thema »Frauen und die RAF« ging es nicht um den von Frauen tatsächlich begangenen Rechtsbruch, sondern um Symbole der »gestörten Ordnung«. Dieser konservativ geprägte Krisendiskurs ist deshalb vor allem als Zeugnis konservativer Verstörung und als Auseinandersetzung über gesellschaftlichen Wandel zu werten. Er zeigt aber auch, dass die Kategorie ›Geschlecht‹ durchaus ein produktiver Zugang zu einer kulturgeschichtlich sensiblen Terrorismusforschung sein kann (Bandhauer-Schöffmann 2013).

5.4 Wege in die Gewalt

Sowohl die gesellschaftsanalytischen als auch die kollektiv- bzw. individualbiographischen Ansätze, die Wege der RAF-Mitglieder in die Gewalt zu erforschen, lassen notwendigerweise zahlreiche Fragen offen. Die Gründe sind vielschichtig und reichen von der politischen und sozialen Dynamik der 1970er-Jahre bis hin zu zufälligen Bedingungen. Hinzu kommen jeweils individuelle Entwicklungen, über die nicht zuletzt aufgrund des anhaltenden Schweigens der RAF-Mitglieder bzw. ihres Todes oftmals nur Bruchstückhaftes bekannt ist.

Der Soziologe Niels Beckenbach hat auf gesellschaftlicher Ebene versucht, das Phänomen RAF in die Kontinuität der Gewaltströmungen im Deutschland des 20. Jahrhunderts einzuordnen. Dabei geht er von zwei Prämissen aus: erstens von der Unsicherheit und der Überreaktion der staatlichen Stellen in besonders kritischen Situationen in der Auseinandersetzung zwischen Staat und Terroristen; zweitens von einem »hohen Ausmaß an Fahrlässigkeit und Verirrung im Umgang mit der Gewalt aufseiten der Avantgarde in der 1968er-Revolte« (Beckenbach 2005: 260). Damit sind die Grundlagen des Teufelskreises von Gewalt und Gegengewalt benannt. Darüber hinaus aber verweist Niels Beckenbach auf die Kontinuität eines besonders stark ausgeprägten Freund-Feind-Denkens sowie einer autoritären Grundströmung in der deutschen Gesellschaft – auch noch nach 1945. Sie führte dazu, individuelle Handlungsverantwortung auf überindividuelle Strukturen und anonyme Mächte abzuwälzen – Entindividualisierung also und »Flucht aus der Freiheit« (Erich Fromm). Vor diesem Hintergrund konnte die Kritik an der Gesellschaft und am »System« in Realitätsverlust, Selbstverblendung und destruktive Gewalt umkippen. In ihrer Selbststilisierung als Avantgarde, als »Übergewissen« und Richterinstanz für die ganze Gesellschaft fanden die RAF-Terroristen die vermeintliche Legitimation für ihren Rausch der Gewalt. Aus diesem Legitimationsgeflecht und dem Impetus des vermeintlich antiimperialistischen Kampfes wurde terroristische Gewalt als moralisch akzeptabel abgeleitet. Letztlich führte diese ›moralische‹ Begründung auch dazu, dass sich nur eine kleine Minderheit der Terroristen glaubhaft von der Gewalt abwandte und dass Teile der linksextremen Szene unter dauerhafter Ausblendung der Opfer eine offene Auseinandersetzung mit der terroristischen Gewalt scheuten. Lange Zeit – und teilweise bis heute – blieb es so auch bei Kulturschaffenden in Literatur, Film, Theater und Musik ›chic‹, linke Kritik am Staat mit einer bisweilen höchst problematischen Haltung zur RAF zu verquicken.

Fragen bleiben auch bei den individualpsychologischen Erklärungsansätzen offen. Zwar zeigte sich bei den *Analysen zum Terrorismus* (Bd. 2: 1981), dass bei fast allen RAF-Mitgliedern ein komplexes Muster aus Nonkonformität und moralischer Empörung bei starker Misserfolgsbelastung (z. B. Studienabbruch) und oftmals zerrütteten familiären Verhältnissen nachweisbar war. Ob jedoch ein bürgerlicher Hintergrund, die gebrochene Bildungskarriere, fehlende Väter, geschiedene Ehen (eigene und/oder in der Elterngeneration), exzessiver Vaterhass, allgemeine Leere in der Lebensgestaltung oder eine ferndiagnostizierte Gefühlskälte als Erklärungsmuster für die jeweils individuelle Strategie der ›verbrannten Erde‹ tragen, war schon vielen Zeitgenossen fraglich.

Bei dem Versuch, die individuelle Entwicklung zum terroristischen Handeln als psychosozialen Prozess zu analysieren, wurde schon in den »Lebenslaufanalysen« der *Analysen zum Terrorismus* auf ein Sieben-Stufen-Modell zurückgegriffen, das auch im Hinblick auf den aktuellen islamistischen oder rechtsextremistischen Terrorismus Plausibilität beanspruchen kann (Böllinger 2002). Demnach ist dieser Prozess durch sieben Stationen gekennzeichnet:

1. frühe Belastungen in Form von schwerwiegenden Konflikten in Familie und sozialer Umwelt;
2. Bruch mit dem bisherigen Lebensumfeld und eine damit einhergehende oppositionelle Politisierung;
3. Rückzug in den Kreis Gleichgesinnter und damit Verstärkung des Freund-Feind-Denkens;
4. ein rigider Konformismus innerhalb der neugeschaffenen Gegenkultur mit der Setzung neuer Standards in Wertorientierungen und Realitätsbeurteilungen;
5. Übernahme einer Kriegsmetaphorik mit einem neuen Selbstverständnis als »Krieger« oder »Kämpfer«, das einen Ausstieg zunehmend unmöglich macht, die vermeintliche Legitimation zum Töten schafft und gleichzeitig nach diesem Bruch des zivilisatorischen Tötungstabus von noch vorhandenen Skrupeln entlastet;
6. Leben im permanenten Ausnahmezustand, der die zu erwartenden maximalen Strafen bei weiteren Taten hinnehmbar werden lässt und den Ausstieg endgültig ausschließt;
7. schließlich die Haft als letzte Weichenstellung einer terroristischen Karriere, die zur extremen Weiterradikalisierung führen kann, aber auch zur völligen Resignation (z. B. Suizid) oder zur allmählichen Loslösung vom Terrorismus.

War die RAF also eine »Schicksalsgemeinschaft mit Sektencharakter« (Herrmann 2006: 650)? Der komplette Austausch des soziokulturellen Bezugssystems, die Schaffung »eigen-sinniger« Verhaltensmuster und selbstdefinierter neuer Wertvorstellungen, der rigide Konformitätszwang sowie die Selbsterfahrung an der Grenze von Leben und Tod sprechen dafür, auch bei der RAF von sektenähnlichen Strukturen und Mustern zu sprechen. Für die Einzelnen innerhalb der RAF wurde die vorher subjektiv erlebte Ohnmacht zur Erfahrung von Wirkmächtigkeit, Omnipotenz und Euphorie, die durch die (bisweilen) überschießende staatliche Repression immer weiter verstärkt wurde. Zu der terroristischen Sondersozialisation gehörten außerdem der eiserne Gefolgschaftszwang, die fanatische Hingabe an die internen Kommandostrukturen und die unauflösbare Verstrickung in den kollektiven Wahn. Befriedigt wurden damit letztlich auch Bedürfnisse nach menschlicher Bindung, nach einer Stärkung des Selbstwertgefühls und nicht zuletzt nach Macht, Abenteuer und Teilhabe an historischen Ereignissen – kurz gesagt all das, was Jan Philipp Reemtsma (2015) in Anlehnung an Birgit Hogefeld die »Lebensform RAF« mit ihrer »Selbstermächtigung zur Grenzenlosigkeit« genannt hat. Der RAF-Aussteiger Volker Speitel hat diese »Lebensform« selbst so charakterisiert:

> Der Eintritt in die Gruppe, das Aufsaugen ihrer Norm und die Knarre am Gürtel entwickeln ihn dann schon, den »neuen« Menschen. Er ist Herr über Leben und Tod geworden, bestimmt, was gut und böse ist, nimmt sich, was er braucht und von wem er es will; er ist Richter, Diktator und Gott in einer Person – wenn auch für den Preis, dass er es nur für kurze Zeit kann (*Spiegel*, 11.08.1980).

6 Staat und Gesellschaft im Zeichen des Terrorismus

Vom Phänomen des Linksterrorismus waren in den 1970er-Jahren zahlreiche westliche Gesellschaften betroffen. Die Auswirkungen des Terrors und die Frage nach dem richtigen Weg bei seiner Bekämpfung wirkten sich massiv auf staatliches Handeln, auf die Justiz und auf die westlich-liberalen Gesellschaften aus. Daher sind auch die von den Akteuren des Terrorismus angestoßenen Dynamiken in Politik und Gesellschaft zu analysieren.

Die RAF forderte mit ihren Gewalttaten die soziale Ordnung der Bundesrepublik heraus. In einem Prozess von *actio* und *reactio* war der Staat gezwungen, auf die radikalen alternativen Ordnungsmodelle der linken politischen Gewalttäter zu reagieren, dem Sicherheitsversprechen gegenüber seinen Bürgern nachzukommen, sein Handeln zu legitimieren und sein Gegennarrativ von der liberalen, rechtsstaatlich verfassten Gesellschaft zu behaupten. Aufseiten der Justiz wurde deutlich mehr als das unternommen, was im Falle ›normaler‹ Kriminalität angezeigt gewesen wäre. Die RAF hat mit ihrer Gewalt nicht nur die politisch Verantwortlichen, sondern auch die bundesdeutsche Justiz an ihre Grenzen geführt – und nachhaltig verändert. Die bundesdeutsche Gesellschaft wiederum sah sich rund 25 Jahre nach Ende des Zweiten Weltkriegs mit der Herausforderung konfrontiert, kollektive Angst, Gewalt und den öffentlichen Diskurs über die Bekämpfung des Terrors auszuhalten und ihre politische Kultur und ihr Selbstverständnis als Zivilgesellschaft neu zu vermessen und zu verhandeln.

6 Staat und Gesellschaft im Zeichen des Terrorismus

6.1 Anti-Terror-Politik und Innere Sicherheit

Schon frühere politische Maßnahmen wie beispielsweise der »Radikalenerlass« von 1972 waren staatliche Reaktionen auf das Anwachsen von Extremismus und politisch motivierter Gewalt, aber sie waren (noch) keine spezifischen Antworten auf den Terrorismus der RAF und ähnlicher Gruppierungen. Die Tatsache, dass es den Strafverfolgungsbehörden im Sommer 1972 gelungen war, die führenden Köpfe der RAF festzunehmen, hatte auf dem Feld der reaktiven Krisenbewältigung vorerst für Entspannung gesorgt. Erst die Lorenz-Entführung und die Besetzung der deutschen Botschaft in Stockholm in der ersten Hälfte des Jahres 1975 setzten die sozialliberale Koalition unter Bundeskanzler Helmut Schmidt (SPD) und Innenminister Werner Maihofer (FDP) unter massiven Handlungsdruck.

Bis zu diesem Zeitpunkt war die Terrorismusbekämpfung von einer gewissen Konzessionsbereitschaft geprägt, ablesbar vor allem an der Freilassung von inhaftierten Terroristen im Austausch gegen den entführten Peter Lorenz. Dominant war vor allem das politische Leitbild der »Inneren Sicherheit«, das als Konzept bereits in den 1960er-Jahren entstanden war, als der Begriff der Sicherheit mit der staatlichen Konsolidierung der Bundesrepublik zunehmend vom außen- zum innenpolitischen Kernbegriff wurde. Im Zuge der Konzeption politischer Planung ging es nun nicht mehr vorrangig um den Schutz des einzelnen Bürgers vor Kriminalität, sondern vielmehr um den Schutz des Staates vor Bedrohungen, um die Frage nach staatlichen Machtpotenzialen und um die umfassende Gewährleistung von Sicherheit als sozialer Leistung (Weinhauer 2004: 235). Kein anderes Thema aber hat dem Topos der »Inneren Sicherheit« so viel Auftrieb verschafft wie die RAF.

In einem bereits von Bundesinnenminister Hans-Dietrich Genscher (FDP) um 1970 gestarteten Modernisierungsprogramm bedeutete »Innere Sicherheit« zunächst die Stärkung der finanziellen Mittel für die Polizei, neue Ausrüstungen und massiven Ausbau des Personals. Allein zwischen 1970 und 1980 wurde das Personal der Sicherheitsorgane in der Bundesrepublik um rund 50 Prozent aufgestockt, das des Bundeskriminalamts (BKA) wurde fast verdreifacht (Weinhauer 2006b: 935). Hinzu trat eine deutliche Ausweitung der Kompetenzen des Bundes gegenüber den Ländern. De facto bedeutete dies einen Umbau der am föderalen Prinzip orientierten bundesdeutschen Sicherheitsarchitektur. An ihrer Spitze stand nun der BKA-Chef Horst Herold als oberster »Terroristenjäger«, der auf neue Methoden wie den Computereinsatz setzte und 1979 die sogenannte »Rasterfahndung« einführte, die es ein Jahr später zum »Unwort des Jahres« brachte. Hinzu trat nach dem Olympia-Attentat 1972 in München der Aufbau der GSG 9 als Spezialeinheit des Bundesgrenzschutzes. Diese Einheit bestand im Oktober 1977 bei der Befreiung der Lufthansa-Maschine »Landshut« ihre Feuertaufe (Frech 2023: 137 f.).

Spätestens mit den Ereignissen des Jahres 1975 standen die Verantwortlichen vor einer erneuten Bewährungsprobe, in der man, so Kanzler Helmut Schmidt nach den Stockholmer Ereignissen, »innerlich auch bereit sein müsse, bis an die Grenze dessen zu gehen, was im Rechtsstaat erlaubt ist« (zit. n. Hof 2015: 10). Neben die polizeiliche Fahndungstätigkeit traten nun Maßnahmen legislativer Natur. Von der sozialliberalen Koalition wurden zwischen 1974 und 1982 insgesamt fünf Anti-Terror-Gesetzespakete verabschiedet: das »Ergänzungsgesetz« (1975), das »Anti-Terroristen-Gesetz« (1976), das »Kontaktsperregesetz« (1977), das »Razziengesetz« (1978) und schließlich das »Strafverfahrensänderungsgesetz« (1979). Mit dem neuen Paragraphen 129a im Strafgesetzbuch (StGB) (*Bildung und Mitgliedschaft in einer terroristischen Vereinigung*), oftmals als »Lex RAF« apostrophiert, kam es zu weitreichenden materiellen Strafrechtsänderungen. Damit sollte unter anderem der Beweisnot Abhilfe geschaffen werden, da im Einzelfall (bis heute) nicht aufgeklärt werden konnte, welche Person bei einem Anschlag welchen konkreten Tatbeitrag geleistet hatte. Fortan konnte bestraft werden, wer schon vorher dabei gewesen oder an der Tatvorbereitung beteiligt gewesen war. Die Logik des von Kritikern als »Gummiparagraphen« bewerteten Gesetzes lautete im Fall der RAF: Der Angeklagte ist Mitglied einer terroristischen Vereinigung, diese hat sich öffentlich zu einer Tat bekannt, also kommt dies einem Geständnis des Angeklagten gleich. Hinzu traten § 88a StGB (»Verfassungsfeindliche Befürwortung von Straftaten«, sogenannter »Maulkorbparagraph«, der bereits 1981 aufgrund rechtsstaatlicher Bedenken und mangelnder Effizienz wieder abgeschafft wurde) und § 130a StGB (»Anleitung zu Straftaten«). Mit diesem Gesetzespaket war auch die

»Werbung« für den Terror strafbar, also beispielsweise das Sprühen von Unterstützerparolen für die RAF auf Hauswände oder die öffentliche Forderung nach Abschaffung der »Isolationsfolter«. Die Strafbarkeitszone wurde damit weit in ein »bloßes Vorstadium verlagert, das noch nicht einmal Vorbereitungscharakter besitzt« (Osterholzer 2012: 253). Das zahlenmäßige Ausmaß dieser Strafrechtsänderungen ist schwer zu bestimmen. Horst Herold selbst veröffentlichte im Jahr 2000 Angaben, wonach etwas mehr als 500 Personen wegen der Mitgliedschaft in einer terroristischen Vereinigung und rund 900 Personen wegen Unterstützung einer solchen verurteilt worden seien. Angaben über Ermittlungsverfahren, die nicht ins Stadium der Anklageerhebung gelangten, sowie eingestellte Verfahren und Freisprüche liegen nicht vor (Diewald-Kerkmann 2015: 37).

Auf dem Höhepunkt des RAF-Terrors im Deutschen Herbst wurde am 30. September 1977 das »Kontaktsperregesetz« durch den Bundestag gepeitscht. Innerhalb von nur wenigen Tagen erlassen, war es das bis dato am schnellsten beschlossene Gesetz der jüngeren deutschen Rechtsgeschichte. Es erlaubt einer Regierung (bis heute), in Notsituationen Inhaftierte ohne richterlichen Beschluss vollständig zu isolieren, und zwar nicht nur von der Außenwelt, sondern auch innerhalb einer Justizvollzugsanstalt und auch von ihren Verteidigern. Es war der verzweifelte und letztlich erfolglose Versuch des Rechtsstaates, das Leben der Geisel Hanns Martin Schleyer zu retten. Juristisch war die Maßnahme höchst umstritten, weil sie massiv in die Rechte der Beschuldigten eingriff und weil sie das Vorgehen staatlicher Organe erst nachträglich legitimierte. Allerdings war das Gesetz formal korrekt beschlossen worden, auch wenn Kritiker von unverhältnismäßigen Normen und einem »legalisierten Verfassungsbruch« (Wolfgang Kraushaar) sprechen.

Neben die diversen Gesetzespakete traten weitreichende Änderungen der Strafprozessordnung (StPO), die größtenteils noch heute gelten. Mit ihnen wurden einerseits die Rechte der Verteidiger und Angeklagten eingeschränkt, andererseits die Befugnisse der Ermittlungsbehörden ausgeweitet. Die wichtigsten Änderungen seien hier nur in Kürze aufgeführt (detailliert dazu Osterholzer 2012): Seit 1975 kann eine Hauptverhandlung auch ohne Anwesenheit des Angeklagten durchgeführt werden, wenn dieser sich vorsätzlich und schuldhaft – also beispielsweise durch einen Hungerstreik – in einen Zustand der Verhandlungsunfähigkeit versetzt hat. Der Stammheim-Prozess wurde damit zum ersten »Prozess ohne Angeklagte«. Im Jahr 1976 folgte die richterliche Überwachung des gesamten Schriftverkehrs zwischen Verteidiger und inhaftiertem Beschuldigten in einem Verfahren nach § 129a StGB. Diese Regelung war erst 1964 im Rahmen einer liberalen Reform der Strafprozessordnung gestrichen worden. 1978 wurde dieser Paragraph noch verschärft und auf andere Verfahren ausgedehnt. Gleichzeitig wurde auch die »Trennscheibenregelung« eingeführt, wonach während eines mündlichen Gesprächs zwischen Mandant und Verteidiger die Übergabe von Schriftstücken oder anderen Gegenständen verboten wurde. In mehreren Schritten wurde nun auch geregelt, dass einem Verteidiger das von einem Angeklagten erteilte Mandat gerichtlich entzogen werden kann, wenn er »dringend oder hinreichend« verdächtigt wird, an den Taten seines Mandanten beteiligt zu sein. Ein so aus einem nach § 129a StGB geführten Verfahren ausgeschlossener Verteidiger darf dann auch nicht in einem anderen »Terroristenprozess« auftreten. Hinzu trat die Regelung, dass ein nach § 129a StGB Angeklagter maximal von drei Anwälten verteidigt werden darf und dass jeder Anwalt nur einen Beschuldigten verteidigen darf (Verbot der sogenannten »Blockverteidigung«).

Diese Maßnahmen waren Reaktionen auf das raffinierte Vorgehen der RAF-Anwälte, auf das Einschleusen von verbotenen Gegenständen in Justizvollzugsanstalten sowie auf das funktionierende »Info«-System der RAF, ein hierarchisch abgestuftes Austauschsystem von Briefen, Pamphleten und Zeitungsartikeln, das von RAF-Verteidigern in Gang gehalten wurde und mit dem die Terroristen seit 1973 auch über Gefängnismauern hinweg kommunizieren und Verteidigungsstrategien entwickeln konnten. Zweifelsohne wären der Deutsche Herbst und generell die Geschichte der RAF ohne dieses »Info«-System anders verlaufen. Mehrere der RAF-Anwälte, darunter Kurt Groenewold und Hans-Christian Ströbele, wurden deshalb wegen Unterstützung einer kriminellen Vereinigung angeklagt und zu Bewährungsstrafen verurteilt.

Die Einschränkungen des verfahrensrechtlichen Grundsatzes der Waffengleichheit zwischen Anklage und Verteidigung wurden von umfassenden Ausweitungen der Rechte der Ermittlungsbehörden begleitet. Die Durchsuchung von Wohnungen wurde erleichtert und die Einrichtung von Kontrollstellen an öffentlich zugänglichen Orten wurde zugelassen, um Identitätsfeststellungen sowie Personen- und Sachdurchsuchungen zu ermöglichen. Auch konnte eine Untersuchungshaft leichter angeordnet werden, selbst wenn keine konkrete Flucht- oder Verdunklungsgefahr bestand. Mit der Verpolizeilichung der Strafprozessordnung gingen außerdem weitere Regelungen einher, die die Anzeigepflicht bei der Kenntnis der Vorbereitung von Straftaten verschärften – unter anderem auch für Ärzte und Verteidiger. Zu Änderungen kam es auch im Melde- und Passrecht sowie im Demonstrationsrecht.

Für viele Kritiker waren aus Schutzrechten für Bürger gegen den Staat zunehmend Staatsschutzrechte geworden. ›Bonn‹ hatte ein Sonderstrafrecht geschaffen, das kritische Verfassungsjuristen eine »Veralltäglichung des Ausnahmezustandes« nannten und das den Rechtsstaat zu Beginn der 1980er-Jahre anders aussehen ließ als noch in der Ära der liberalen Reformen der späten 1960er-Jahre. Für die Befürworter hingegen hatte Kanzler Helmut Schmidt den Rechtsstaat stabilisiert und den RAF-Terrorismus niedergerungen. Der Erwartungsdruck auf die politisch Verantwortlichen war hoch gewesen, das Wahljahr 1976 hatte mit dem weit verbreiteten Ruf nach einem starken Staat ein Übriges getan. Zahlreiche Bundestagsdebatten seit 1974 hatten gezeigt, dass das Thema »Innere Sicherheit« längst zum Graben(wahl-)kampf der politischen Kontrahenten genutzt wurde, indem man sich gegenseitig die Problemlösungsfähigkeit absprach und Schuldzuweisungen machte. Zwar waren die getroffenen Gesetzesregelungen meist Kompromisslösungen mit der CDU/CSU-Opposition, aber diese war in ihren Forderungen noch deutlich weiter gegangen, etwa nach der Überwachung auch des mündlichen Verkehrs zwischen Verteidiger und Mandant, nach der Sicherungsverwahrung bereits erstmalig Verurteilter oder gar nach dem Einsatz der Bundeswehr für die Terrorabwehr im Innern.

Ohne Zweifel war es der Regierung Schmidt gelungen, einer tief verunsicherten Bevölkerung und einer aufgebrachten Medienlandschaft ein tatkräftiges Krisenmanagement zu präsentieren. Dieser öffentliche Druck macht die Maßnahmen zwar verständlicher, aber den verfassungsrechtlichen Balanceakt nicht unbedingt verträglicher. Inwiefern die Verschärfung der Sicherheitsgesetze zum Niedergang der RAF beigetragen hat, war bereits bei den Zeitgenossen heftig umstritten – und ist es in der Forschung noch immer. Für die einen waren die *Law-and-Order*-Konzepte wesentlicher Bestandteil der Wiederherstellung der sozialen Ordnung der Bundesrepublik, für die anderen handelte es sich um Alibigesetze mit Symbolcharakter, die weder die Aktionen der dritten Generation der RAF noch weitere Todesopfer verhindern konnten. Zudem waren sie zu einem Zeitpunkt eiligst erlassen worden, als Präventionslösungen längst verpasst worden waren. Rechtsstaatlich war manches zumindest bedenklich, auch wenn von einem »Untergang des Rechtsstaates« nicht geredet werden kann. Für die eine Seite konnte der Staat also seine Handlungs- und Problemlösungsfähigkeit demonstrieren, für die anderen war die Terrorismusbekämpfung auch ohne Sonderrecht möglich.

Das letzte RAF-Gesetz, die Kronzeugenregelung, mit der Terroristen per Strafmilderung zum Aussteigen bewegt werden sollten, wird hier oftmals als Beispiel herangezogen. 1989 wurde sie gegen das Votum zahlreicher Strafrechtler zeitlich befristet eingeführt. Während die Befürworter mit dem Ermittlungsnotstand des Staates argumentierten, führten die Kritiker den hohen rechtspolitischen Preis der Regelung an. Demnach sei die Kronzeugenregelung ein Handelsgeschäft zwischen Mörder und Bundesanwalt (»Deal«), bedeute damit eine Beugung des Rechtsstaates und verwische den Grundsatz der gleichmäßigen und kalkulierbaren Strafe. Außerdem, so die Kritiker, sei das »Angebot« geradezu eine Verlockung für Kronzeugen, sich mit Falschaussagen oder falschen Beschuldigungen anderer Vorteile zu verschaffen, was in der Praxis auch immer wieder bestätigt wurde.

Werner Lotze, Mitglied der zweiten Generation der RAF, der 1978 an einem Schusswechsel beteiligt war, bei dem ein Polizist getötet wurde, und der nach seinem Abtauchen in der DDR im Juni 1990 festgenommen werden konnte, machte als erster von der Kronzeugenregelung Gebrauch. In der Folgezeit wurde das Kronzeugengesetz bis 1999 mehrmals verlängert, insgesamt aber hat es sich im Hinblick auf die RAF in der Praxis kaum bewährt. Im September 2009 wurde es unter den Vorzeichen des globalen islamistischen Terrors jedoch wieder eingeführt.

6.2 Justizskandale, das Gericht als Bühne und Krisenstäbe

Innerhalb des Kapitels »Staat und Justiz gegen RAF« sind über die beschriebenen legislativen Maßnahmen hinaus einige weitere Aspekte von Bedeutung. Zahlreiche Justizskandale, die die Öffentlichkeit aufwühlten, konterkarierten das *Law-and-Order*-Konzept. Als im Januar 1977, nur wenige Monate vor dem Ende des Stammheimer Mammutprozesses, der erste Vorsitzende Richter des Zweiten Strafsenats am Stuttgarter Oberlandesgericht Theodor Prinzing nach dem 85. Ablehnungsantrag der RAF-Verteidiger seinen Stuhl räumen musste, hatten die Angeklagten einen aufsehenerregenden Punktsieg errungen. Prinzing, der für diesen schwierigen Prozess von Bundesregierung, Generalbundesanwalt und der baden-württembergischen Landesregierung ausgewählt worden war, weil er, so die *Welt* am 17. Mai 1975, über »Erfahrungen in Monster-Prozessen, Durchblick, Durchsetzungsvermögen und erkennbaren Ehrgeiz« verfüge, hatte sich im Laufe des Prozesses immer wieder als dünnhäutig und überfordert gezeigt. Vor allem aber hatte der Vorzeigejurist Schriftstücke aus dem Prozess über einen Richter am Bundesgerichtshof, der für Beschwerden im Stammheim-Prozess zuständig war, an die Presse lanciert. Prinzing war damit das wohl prominenteste Opfer des geschickten Vorgehens der Angeklagten und ihrer Verteidiger, den Gerichtssaal für die Fortführung ihres Kampfes zu nutzen und so die Justiz unter Druck zu setzen. Ihren Kampf gegen das vermeintliche »Schweinesystem« konnten sie so zumindest kommunikativ weiterführen.

Die fast zahllosen Versuche der Richter und Staatsanwälte, die angeklagten Terroristen als ›normale‹ Kriminelle darzustellen, wirkten geradezu verzweifelt angesichts des Aufwands, der in Stammheim betrieben wurde, der Maßnahmen im Bereich des Strafrechts und der Strafprozessordnung sowie angesichts der besonderen Privilegierungen der Inhaftierten in Stammheim, die auf Druck der Öffentlichkeit und vor dem Hintergrund der Diskussion um die »Isolationsfolter« gewährt wurden. Richard Schmid, der ehemalige Präsident des Oberlandesgerichts Stuttgart, hatte bereits im Juli 1975 in einem Radiobeitrag auf diesen völlig

6.2 Justizskandale, das Gericht als Bühne und Krisenstäbe

verfehlten Gegensatz zwischen »politisch und kriminell« hingewiesen. Mit der Bezeichnung als »kriminell« wolle man Stimmung gegen die Angeklagten machen und gleichzeitig negieren, dass die Taten politisch motiviert seien (Diewald-Kerkmann 2015: 42 f.).

Beatrice de Graaf (2012) hat darauf verwiesen, dass der Gerichtssaal der einzige Ort ist, an dem alle betroffenen Akteure aufeinandertreffen: die Terroristen, der Staat in Person des Staatsanwalts, der Richter, der Recht spricht, schließlich das Publikum und die mediale Öffentlichkeit. Vielleicht hat dieser blinde Fleck des Großteils der beteiligten Juristen bei der Einschätzung des Terrors als ›normale‹ Straftat dafür gesorgt, dass es den RAF-Terroristen gelungen ist, das Recht zu politisieren und in einem »Politik-Theater« Regierung und Justiz zu provozieren. Sie vermochten es außerdem, einzelne Richter in bis dato unbekannter Weise zu diffamieren, die Deutungshoheit über Recht und Unrecht im Gerichtssaal anzuzweifeln, wo normalerweise das staatliche Gewaltmonopol inszeniert wird, und das »Theater« auf der »Bühne Gerichtssaal« so weit zu treiben, dass in diesen Inszenierungen bisweilen nicht mehr trennscharf zu erkennen war, wer nun eigentlich Ankläger und wer Angeklagter war.

Der Name Traugott Bender steht für ein weiteres politisches Desaster in Sachen RAF. Die Verstrickungen des CDU-Politikers belegen, dass die Behörden an dem Misstrauen, das ihnen in weiten Kreisen entgegengebracht wurde, nicht gänzlich unschuldig waren. Bereits zu Beginn des Jahres 1977 hatte der *Spiegel* einen illegalen Lauschangriff des Verfassungsschutzes auf den Atomphysiker Klaus Traube aufgedeckt, dem man (fälschlicherweise) Kontakte zur RAF nachweisen wollte. Wenig später, im März 1977, mussten der baden-württembergische Justizminister Bender und sein Kollege Innenminister Karl Schiess (CDU) öffentlich zugeben, dass nach den Ereignissen in Stockholm 1975 und erneut im Dezember 1976 nach der Festnahme des Rechtsanwalts Siegfried Haag auch Gespräche zwischen Verteidigern und RAF-Häftlingen in Stammheim abgehört worden waren. Wanzen also im »sichersten Gefängnis der Welt«, wie Traugott Bender Stammheim bezeichnet hatte? Vom Staat belauschte Verteidiger in einem Bundesland, das sich mit Ministerpräsident Hans Filbinger (CDU) auch bundesweit als Wahrer des Rechtsstaates zu profilieren suchte? Die Tonbandaufzeichnungen sind verschwunden, viele Fragen in der »Abhöraffäre« sind bis heute noch ungeklärt, darunter vor allem die, ob die Gefängniszellen tatsächlich nur in den angegebenen Zeiträumen abgehört worden waren.

Beide Minister argumentierten mit dem »rechtfertigenden Notstand« im Sinne des § 34 StGB, weil der dringende Verdacht bestanden habe, dass die »Stammheimer« aus dem Gefängnis heraus neue »Aktionen« planen könnten. Das konnte man durchaus so sehen, aber für viele Kritiker war damit gegen eine ganze Reihe elementarer Rechtsgrundsätze verstoßen worden, was für sie einem klaren Verfassungsbruch gleichkam. Als nach den Selbstmorden in Stammheim im Oktober 1977 offenkundig wurde, dass Pistolen, Sprengstoff und eine ganze Menge anderer verbotener Gegenstände in das Stammheimer Gefängnis geschmuggelt worden waren, trat Justizminister Bender gegen den Willen seines Regierungschefs Filbinger zurück. Er übernahm damit die politische Verantwortung für die »fidelen« Zustände in Stammheim. ›Draußen‹ hingegen kursierte rasch der Witz, Baader und Genossen hätten sich nicht umgebracht, sondern sich über die laxen Sicherheitsvorschriften totgelacht. Rund ein Jahr später wurde auch Innenminister Karl Schiess seiner politischen Pflichten entbunden.

Verschärfungen des Strafrechts, kontrovers diskutierte Ausweitungen der Befugnisse der Ermittlungsbehörden, eine immer wieder überforderte Justiz und zahlreiche Pannen – die Politik der »Inneren Sicherheit« stieß vor allem seit 1977 auf ein »misstrauisch gewordenes Publikum« (Bull 1984). Was die einen als »wehrhafte Demokratie« bewerteten, war für die anderen der Weg in den »Sicherheits-« oder »Polizeistaat«. Hinzu kam der unmittelbar nach der Schleyer-Entführung eingerichtete Kleine und Große Krisenstab in Bonn. Die »Kleine Lage«, wie sie offiziell hieß, besetzt mit Kanzler Helmut Schmidt, seinen wichtigsten Ministern, seinem Pressesprecher sowie BKA-Präsident Horst Herold und Generalbundesanwalt Kurt Rebmann, tagte in der heißen Phase des Deutschen Herbstes mehrmals täglich, der »Große Politische Beratungskreis« ein- bis zweimal pro Woche. Hier waren in Erweiterung der »Kleinen Lage« auch die Partei- und Bundestagsfraktionsvorsitzenden sowie die vier Ministerpräsidenten der Länder vertreten, in deren Gewahrsam sich RAF-Häftlinge befanden.

Das Grundgesetz kennt ein solches Gremium nicht und bis heute liegt ein Schleier der Geheimhaltung darüber. Aber in diesem »männerbün-

6.2 Justizskandale, das Gericht als Bühne und Krisenstäbe

dischen, parteiübergreifenden« Zirkel (Weinhauer 2004: 237) aus Politikern der »demokratisierten Kriegsgeneration« (Scheiper 2010: 103), das im juristischen Sinne keine Entscheidungskompetenz hatte, wurden auf dem Höhepunkt der »Offensive '77« wegweisende Entscheidungen getroffen: kein Geiselaustausch und keine Geldübergabe. Natürlich ging es hier vor allem darum, Abstimmungsprozesse zu beschleunigen und Handlungsfähigkeit zu demonstrieren. Regierung und Opposition waren – bei allen Differenzen in der Anti-Terror-Politik – zusammengerückt, für viele kritische Beobachter war aber auch die Gewaltenteilung zwischen Legislative und Exekutive durch dieses Allparteiengremium verwischt. Als dann im Herbst 1977 neben das »Kontaktsperregesetz« eine von Regierungssprecher Klaus Bölling initiierte und von Presse, Rundfunk, Fernsehen und Agenturen freiwillig akzeptierte Nachrichtensperre trat, mit der sich (fast alle) Medien verpflichteten, nichts zu veröffentlichen, was die Arbeit der Sicherheitsbehörden in Bund und Ländern beeinträchtigen könnte, schien für viele die Gewaltenteilung in der Bundesrepublik vollends außer Kraft gesetzt. Helmut Schmidt, der immer wieder von einer »Notstandssituation« sprach, bekannte im Rückblick: »Ich kann nur nachträglich den deutschen Juristen danken, dass sie das alles nicht verfassungsrechtlich untersucht haben« (*Spiegel*, 15.01.1979).

War der »Sicherheitsstaat« Bundesrepublik zu weit gegangen? Die RAF hatte den Rechtsstaat gezielt provoziert und bis an seine Grenzen geführt, aber juristisch haben die Verantwortlichen den Rubikon zum Unrecht nicht überschritten. Die entsprechenden Gesetze waren formal korrekt entstanden, selbst die »Abhöraffäre« in Stammheim war formaljuristisch kein Verfassungsbruch, sondern noch mit dem elastischen Rechtskonstrukt des »rechtfertigenden Notstands« zu legitimieren. Dennoch wurden die staatlichen Machtdemonstrationen im »nicht verkündeten, aber praktizierten Ausnahmezustand« (Kraushaar 2006b: 1021) von weiten Teilen der Bevölkerung skeptischer beäugt als noch wenige Jahre zuvor. Die Kritikbereitschaft in der Bevölkerung am staatlichen Handeln wuchs: Abgrenzung von Terrorismus und Gewalt ja, aber gleichzeitig wurde auch das Bewusstsein geschärft, dass die verbrieften Grundrechte die Bürger gegen den Staat schützen sollten – und nicht andersherum. Hier liegen auch die Wurzeln der bis heute spannungsreichen Gratwanderung in der Terrorismusbekämpfung zwischen bürgerlichen Freiheitsrechten und staatlichem Sicherheitsverständnis. Zum ersten Mal in der Geschichte der Bundesrepublik wurde im Deutschen Herbst auf massive Art und Weise deutlich, dass es bei der Politik der »Inneren Sicherheit« wie in der Medizin ist: Es kommt nicht nur auf das Mittel an, sondern eben auch auf die Dosierung. Ein Mehr an Überwachung, so der Grundtenor, muss nicht notwendigerweise zu einem Mehr an Sicherheit führen, aber sicher zu einem Weniger an bürgerlichen Freiheitsrechten. Hier sind auch die Ursprünge einer kritischen Masse in der bundesdeutschen Bevölkerung zu sehen, die sich dann in den 1980er-Jahren gegen den so wahrgenommenen »Orwell-Staat«, gegen staatliche Datensammelwut oder im Rahmen der Proteste gegen die Volkszählung für die informationelle Selbstbestimmung der Bürger als wesentliches Grundrecht engagierten.

Als 1977/78 der Zenit des Terrors und der Anti-Terror-Gesetzgebung überschritten war, schlug sich die wachsende Kritik am »Überwachungsstaat« auch politisch nieder. Es war ja ausgerechnet eine sozialliberale Koalition gewesen, die mit dem Ziel umfassender liberaler Reformen angetreten war, die aber in den Jahren des Terrors gezwungen gewesen war, den ›starken Staat‹ zu markieren. Nun trat dieselbe Koalition in eine »reflexive Phase« (Hürter 2012: 273) der Terrorismusbekämpfung ein, in der verstärkt diskutiert wurde, ob der Staat im Deutschen Herbst nicht doch zu weit gegangen sei und gegenüber Sondergesetzen und ausschweifender Sicherheitspolitik nicht die präventive und geistig-politische Auseinandersetzung mit dem Terrorismus vernachlässigt habe. Schon der neue Bundesinnenminister Gerhart Baum (FDP) begann 1978/79, den Übereifer der Strafverfolgungsbehörden zu bremsen und stattdessen die sozialwissenschaftlich fundierte Ursachenforschung zu stärken. Ein Gesicht bekam diese Kehrtwende in der Innenpolitik, als im März 1981 Horst Herold, die »Ikone des Überwachungsstaats« (Weinhauer 2004: 239), entlassen wurde. Das Ursachenbündel hierfür war komplex, aber man hatte doch auch erkannt, dass die Fahndungserfolge in Sachen RAF oftmals nicht das Verdienst von ›Kommissar Computer‹ waren, sondern eher von ›Kommissar Zufall‹ bzw. von Hinweisen aus der Bevölkerung. Unter anderem hatte eine ganze Reihe von Ermittlungspannen während der Schleyer-Entführung diese Defizite offenbart.

Eine Entspannung in der Terrorismusbekämpfung wurde auch in den Medien gefordert: Gerhart Baum forderte im *Spiegel* vom 31. Dezember

1979, dass man die Sprachlosigkeit überwinden und prinzipiell Angebote für die »Wiederaufnahme in die Gesellschaft« machen müsse, weil es »neben allen Paragraphen auch noch etwas anderes« gebe. Ergebnisse dieser zumindest in Ansätzen erfolgten Entspannung waren auch die Bemühungen etwa der beiden Grünen-Abgeordneten Antje Vollmer und Christa Nickels im Jahr 1987, über Deeskalationsstrategien, Teilamnestien, Begnadigungen, vorzeitige Haftentlassungen und Gesprächsinitiativen zu einem »größeren Reservoir an Konfliktlösungsmöglichkeiten« zu kommen. Den Initiatorinnen ging es darum, interne Strukturen und Bindungen der RAF aufzubrechen, den tödlichen Kreislauf von Aktion und Repression zu durchbrechen und schließlich zu einer friedlichen Lösung der Auseinandersetzung zwischen RAF und Staat zu kommen (Diewald-Kerkmann 2012b). Denn letztlich war in den zurückliegenden Jahren deutlich geworden, dass zwar durch den Ausbau des Sicherheitsapparates Fahndungserfolge möglich waren, das weitere Morde durch die RAF aber nicht verhindert werden konnte.

In diesen Kontext der Befriedungsstrategien gehören auch mehrere Gesprächsinitiativen von Politikern wie Richard von Weizsäcker (CDU) oder Hans-Jochen Vogel (SPD), aber auch von Intellektuellen wie dem Theologen Ernst Käsemann oder dem Schriftsteller Martin Walser. Hinzu trat 1992 die sogenannte »Kinkel-Initiative«, bei der es um die Freilassung kranker Häftlinge, die vorzeitige Entlassung von RAF-Mitgliedern mit lebenslanger Haft oder die Haftentlassung nach zwei Dritteln der befristeten Haftstrafen ging (insgesamt waren zwischen 1988 und 2003 acht Begnadigungen nach langjährigen Haftstrafen erfolgt). Das Echo auf die genannten Initiativen zeigte jedoch auch, dass Politik und Gesellschaft beim Thema RAF noch immer emotional höchst aufgeladen waren und weiterhin kaum überbrückbare Differenzen bestanden, etwa wenn den Dialogbereiten von den Hardlinern »Kumpelei mit Mördern« unterstellt wurde oder wenn der baden-württembergische Ministerpräsident Erwin Teufel (CDU) seinem Landsmann Klaus Kinkel 1992 eine »schwerwiegende rechtsstaatliche Verwirrung« bescheinigte (zit. n. Peters 2004: 671).

6.3 Gesellschaft im Zeichen der Terrorbekämpfung

Der Staat reagierte nicht nur mit Gesetzen und Strafrechtsreformen, sondern auch mit Maßnahmen, die noch stärker öffentlich wahrnehmbar waren und den Alltag der Bevölkerung beeinflussten. Repräsentanten des Staates und ihre Familien mussten sich der neuen Bedrohungslage anpassen. In Form von massivem Polizeischutz wurden diese personenbezogenen Schutzmaßnahmen sichtbar und vergrößerten damit auch die – gefühlte oder tatsächliche – Distanz zwischen ›normalem Bürger‹ und Staat. Maren Richter (2014) hat herausgearbeitet, wie unterschiedlich die Betroffenen mit ihrem »Leben im Ausnahmezustand« umgegangen sind – von der Verdrängung über Rationalisierungsstrategien und (sarkastischem) Humor bis hin zum Selbstschutz. So soll etwa Franz Josef Strauß in den Hochzeiten des Terrorismus selbst eine Waffe getragen haben. Vor allem diejenigen Staatsvertreter, die selbst am Zweiten Weltkrieg teilgenommen hatten, rekurrierten immer wieder auf diese generationelle Erfahrung und ihr Selbstverständnis als Soldat als Erklärungsmuster für ihren Umgang mit der Tatsache, Zielscheibe des Terrors zu sein. Aus vielen Zeugnissen von Betroffenen wissen wir aber auch, wie tief und nachhaltig – neben der tatsächlich erlebten Gewalt – Bedrohungsängste und Sicherheitsvorkehrungen in das Leben der Familien eingegriffen haben (Siemens 2007).

»Der Staat geht in Stellung«, titelte der *Spiegel* am 19. September 1977. Auf dem Cover der Ausgabe war ein von Sandsäcken und massivem Polizeiaufgebot hermetisch abgeriegelter Kanzlerbungalow in Bonn zu sehen. Das Politmagazin sprach von »pathetischer Militanz«. Für die ›normale Bevölkerung‹ wurde der Themenkomplex »öffentliche Sicherheit« erfahrbar durch neuartige flächendeckende Fahndungen, massive und groß angelegte Personenkontrollen auf Straßen, in Zügen oder an Grenzübergängen, Mannschaftswagen der Polizei, Schützenpanzerwagen und Doppelstreifen mit Schäferhund, durch Wohnungsuntersuchungen oder durch den zunehmenden Einbau von Panzerglastrennscheiben in Bankgebäuden.

Am 31. Mai 1972, nach der »Maioffensive« der RAF, erlebte die Bundesrepublik die größte Fahndungsoperation in ihrer Geschichte, als mit allen Hubschraubern, die im öffentlichen Dienst der Republik verfügbar waren, die Autobahnen abgeflogen, Straßensperren eingerichtet und Personenkontrollen durchgeführt wurden. Der Großteil der westdeutschen Polizeikräfte stand an diesem Tag gewissermaßen unter dem Kommando des Bundeskriminalamtes. Dessen Chef Horst Herold meinte, er habe die Republik damit »richtig durchgeklopft«. Die »Aktion Wasserschlag«, mit der der BKA-Chef das RAF-Umfeld, in dem sich die Terroristen »wie Fische im Wasser tummelten«, in Bewegung bringen wollte (Herold entlehnte dieses Bild einem berühmten Mao-Zitat), war eine Demonstration des Gewaltmonopols des Staates. Große Fahndungserfolge blieben zwar aus und der oberste Strafverfolger der Republik hatte ein Verkehrschaos hervorgerufen, aber im Rückblick sprach Herold davon, er habe nie eine so hohe Identifikation der Bürger mit der Polizei erlebt. Das »Bollwerk Bonn«, die massive öffentliche Präsenz von Sicherheitskräften, aber nicht zuletzt auch eine neue Sicherheitsarchitektur in der Öffentlichkeit markierten die Trennung von »staatlichen und nichtstaatlichen Räumen« (Hanno Balz). Sie waren Teil einer öffentlichen Inszenierung von Schutz und Sicherheit.

Die flächendeckenden Personenkontrollen durch oftmals schwerbewaffnete Polizisten wurden für viele, vor allem junge Menschen zur generationsspezifischen Erfahrung, wenn sie in den Augen der Sicherheitskräfte irgendwie nach »Hippie«, »68er« oder »Terrorist« aussahen. In den Archiven finden sich heute auch reihenweise Unterlagen der Polizei, die belegen, wie geradezu hysterisch auf denunziationsähnliche Hinweise reagiert wurde, etwa wenn ein Hausbewohner meldete, in seiner Nachbarschaft könnten nur Terroristen wohnen, weil in der Wohngemeinschaft »alles Mögliche« ein und aus gehe und auf Matratzen geschlafen werde, die auf dem Boden lägen.

Eines der ausdrucksstärksten staatlichen Inszenierungsmittel waren die Fahndungsplakate, mit denen öffentlich nach den Terroristen gesucht wurde. Sie waren ein faszinierendes Medium, das den Bürgern vielfach im öffentlichen Raum begegnete und mit dem sich der Staat jenseits von Fernsehen und Zeitungen ein »eigenes massenmediales Format« (Steinseifer 2012: 386) schuf. Mit dem Fahndungsplakat bezog der Staat Stellung und konnte den Tätern ein Gesicht geben. Es wurde visuell Anklage erhoben, die Angst in der Öffentlichkeit gesteigert, weil die Terroristen allgegenwärtig erschienen, gleichzeitig wurde aber auch gezeigt, dass die Staatsgewalt effektiv arbeite und man den Tätern auf den Fersen sei. Die Fahndungsplakate bestanden aus Schrift- und Bildelementen, wobei mit den Überschriften das ›Böse‹ sprachlich gekennzeichnet wurde. Während auf dem ersten Fahndungsplakat vom Mai 1972 die Gesuchten noch als »anarchistische Gewalttäter – Baader/Meinhof-Bande« bezeichnet wurden und man damit auf den tradierten Begriff des Anarchisten als politisch Devianten zurückgriff, setzte sich in der Folge rasch der Begriff der »Terroristen« durch. Bisweilen folgten steckbriefartig einzelne personenbezogene und körperliche Merkmale wie »wulstige Lippe« oder einfach nur »kurze Haare« oder »Stupsnase«, was Verwechslungen natürlich Tür und Tor öffnete.

Solche und andere Beschreibungen waren Teil einer staatlichen Visualisierungsstrategie des Terrorismus, die Susanne Regener (2008) analysiert hat. Die Fotos der Gesuchten waren »Trophäen der Machtdemonstration« und Orientierungsmarken im öffentlichen Raum, die abrufbare Emotionen weckten und die zum festen Bestandteil des visuellen Gedächtnisses der Bundesrepublik wurden. Zwar stammten sie in aller Regel nicht aus erkennungsdienstlichen Zusammenhängen, sondern aus privaten Quellen. Auch waren sie oftmals veraltet oder von schlechter Qualität und gaben damit nur sehr eingeschränkt das tatsächliche Aussehen der Gesuchten wieder. Im Grunde zeigten sie nur ›den Terroristen‹ als Typ – wiedererkennbar und unscharf zugleich. Aber sie erhöhten den Fahndungsdruck auf die im Untergrund lebenden Terroristen und signalisierten: Wir wissen, wie sie aussehen – und die Bevölkerung wird uns helfen!

Abgebildet waren meist Männer mit langen Haaren, Bart, in dunkler Kleidung, im Parka oder mit einem Palästinensertuch sowie Frauen mit überwiegend langen Haaren. Das alles entsprach der damaligen Mode im jungen und »linken« Milieu – und es schuf massenhaft vermeintlich Verdächtige, während die tatsächlich Gesuchten mit einer Verkleidungsstrategie reagierten und sich optisch und habituell betont bürgerlich gaben. Gewiss, die Fahndungsplakate waren ein polizeiliches Hilfsmittel, aber eben eines von deutlich begrenzter Wirkung. Vor allem waren sie

6.3 Gesellschaft im Zeichen der Terrorbekämpfung

Abb. 6: Fahndungsplakat des BKA von der »Aktion Wasserschlag«, Mai 1972. Auf diesem Plakat wurden die Fotos der bereits gefassten RAF-Mitglieder durchgestrichen – wie auf einer Erfolgsliste.

eine Bildstrategie der Behörden, die der »Identifizierung einer minoritären Gruppe und ihre[r] Ausgrenzung einerseits« sowie der »virtuellen Stiftung von Gemeinsamkeit der Mehrheitsgesellschaft andererseits« diente (Metzler 2012: 273). Gleichzeitig konnte man suggerieren, man habe das Problem im Griff. Das galt umso mehr, wenn man auf Plakaten einzelne Fotos durchstreichen konnte, wenn der oder die Abgebildete gefasst worden war. Mitunter taten dies sogar Passanten selbst. Insgesamt gesehen bewerteten jedoch selbst Protagonisten wie BKA-Chef Herold, der im Rahmen der »Aktion Wasserschlag« im Frühjahr 1972 die größte Steckbriefaktion in der deutschen Geschichte durchgeführt hatte, die Fahndungsplakate im Nachhinein als eher nutzloses Instrument.

6.4 *Moral panic*, Sympathisantendiskurs und gesellschaftspolitische Polarisierungen

Die Debatte über den Terrorismus, seine Ursachen und seine Bekämpfung war eine Auseinandersetzung über das Selbstverständnis der Bundesrepublik und über ihre politische Kultur zwischen den Polen Liberalisierung und konservative Restauration, die bisweilen den Charakter eines regelrechten Kulturkampfes annahm. Letztlich lag ihr das Bestreben zugrunde, die »Bundesrepublik neu zu gründen« (Edgar Wolfrum). Der Terror der RAF prägte damit nicht nur staatliches Handeln, sondern auch die gesellschaftspolitische Atmosphäre. Vordergründig ging es um Ursachenforschung und Bekämpfung, hintergründig jedoch um die Wiederherstellung einer sozialen Ordnung, die der Terrorismus, vor allem in seiner Ausdeutung durch die politischen Eliten und die Medien, zu bedrohen schien. Der Terror der RAF schuf Ausnahmesituationen, die als gesellschaftliche Krise wahrgenommen, gedeutet und kommunikativ verhandelt wurden.

Zur Präzisierung von Begriffen wie »Ausnahmezustand«, »Hysterie« oder »Panik« hat Hanno Balz (2008) den aus den angloamerikanischen

Cultural Studies stammenden Begriff der *moral panic* in die Terrorismusforschung eingeführt. Kurz gesagt bezeichnet *moral panic* eine weitverbreitete Angst, ein wie auch immer geartetes Übel (z. B. Umweltkatastrophen oder »Überfremdung«) könne das Wohl einer Gesellschaft bedrohen. Die Beteiligten einer solchen Krisensituation oder Bedrohungslage sind dabei eine beunruhigte (Teil-)Öffentlichkeit, der Staat als Garant der öffentlichen Sicherheit und die Massenmedien als Katalysator, die sich oftmals wechselseitig verstärken. Dieser analytische Ansatz ist also mehr als nur ein Instrument historischer Diskursanalyse. Mit Angst wurde Politik gemacht, mit einer stetigen Tendenz zur Eskalation. Die Debatte über die RAF zeigt beispielhaft die Dynamik eines solchen Diskurses, der öffentliche Imaginationen prägte und dabei die potenzielle Bedrohung eines scheinbar unkontrollierbaren Problems mit ungewissem Ausgang ausweitete. Dabei ging es immer auch um die Suche nach Verantwortlichen, um einen impliziten Appell zum Handeln und um das diskursive Ausloten von Grenzen bzw. um die Entgrenzung dessen, was bislang öffentlich gesagt oder tatsächlich gemacht werden konnte. Exemplarisch hierfür steht die in den 1970er-Jahren immer wieder angestoßene Diskussion um die Wiedereinführung der Todesstrafe in der Bundesrepublik oder der angeblich von Franz Josef Strauß während der Schleyer-Entführung im Bonner Krisenstab gemachte Vorschlag, die inhaftierten Terroristen ihrerseits als Geiseln zu nehmen und mit ihrer Erschießung zu drohen.

Einer der sicherlich wirkmächtigsten Aspekte des Terrorismusdiskurses der 1970er-Jahre war der sogenannte »Sympathisantendiskurs«. Der bis zu einem ersten verbalen Siedepunkt im Jahr 1972 eher neutral oder positiv konnotierte Begriff »Sympathisant« tauchte in seiner ausgrenzenden Bedeutung erstmals um 1973/74 im Duden auf und wurde dort definiert als »jemand, der einer (extremen) politischen oder gesellschaftlichen Gruppe oder Anschauung wohlwollend gegenübersteht und sie unterstützt« (zit. n. Balz 2008: 77). Nach dem »Querulanten«, »Informanten« oder »Denunzianten« hatte die bundesdeutsche Gesellschaft nun den »Sympathisanten«, der immer im Verdacht stand und sich ständig dem Test unterzogen sah, sich von politischer Gewalt abzugrenzen. Der schwäbische Schriftsteller Thaddäus Troll (eigentlich Hans Bayer) schrieb dazu: »Und für den, […] der auch dem Rechte zuspricht, welcher das Recht verletzt hat, ist ein Wort erfunden worden, das nicht in Grimms Wörterbuch steht: Sympathisant« (zit. n. Husmann 2015: 7 f.).

Im Vergleich zum »Terroristen«, der sich ja bereits selbst aus der Gesellschaft ausgegrenzt hatte, verlegte das juristisch undefinierbare, aber polemische und besonders wirksame Label des »Sympathisanten« den »Feind« noch weiter in das Innere der Gesellschaft. Mit dieser sprachkämpferischen Frontlinie wurde letztlich die strafrechtlich relevante Grenze zwischen Terrorist, Unterstützer und Sympathisant verwischt. Nun genügte bereits die »Kontaktschuld« – das konnte etwa die Tatsache sein, dass jemand mit Ulrike Meinhof per Du war –, um jemanden mit diesem sprachlichen Mittel zu stigmatisieren und auszugrenzen. Den Auftakt zur Verdichtung des Sympathisantendiskurses bildete ein am 10. Januar 1972 im *Spiegel* erschienener Essay von Heinrich Böll mit dem Titel *Will Ulrike Gnade oder freies Geleit?* Die Auseinandersetzung des Schriftstellers mit der RAF und dem Gebaren der Springer-Presse war als Aufruf zur Deeskalation an beide Seiten gedacht. Böll wollte aber auch Ulrike Meinhof verklausuliert einen Ausweg aus der Illegalität und Gewalt aufzeigen (ein »sinnloser Krieg« von »6 gegen 60 Millionen«). Letztlich aber löste der Vermittlungsversuch einen politischen Skandal aus und befeuerte eine rasant an Fahrt aufnehmende Intellektuellenhetze von geradezu McCarthy'schem Ausmaß. Natürlich war Böll in seinen Formulierungen nicht gerade besänftigend, als er schrieb:

> Ich hoffe, daß Herrn Springer und seinen Helfershelfern dieser Witz im Hals steckenbleibt mit den Gräten ihres Weihnachtskarpfens. [...] Ich hoffe, die Gräten [...] waren nicht zu weich und haben sich tatsächlich quergelegt (*Spiegel*, 10.01.1972).

Und weiter zum Stil der *Bild-Zeitung*: »Das ist nicht mehr kryptofaschistisch, nicht mehr faschistoid, das ist nackter Faschismus, Verhetzung, Lüge, Dreck.« Gleichzeitig erinnerte der prominenteste deutsche Intellektuelle, der Ende desselben Jahres den Literaturnobelpreis entgegennehmen konnte, in einem mehr als nur hinkenden Vergleich die NS-Verfolgten in der Bundesrepublik daran, was es bedeute, auf der Flucht zu sein, womit er die Terroristen mit Widerstandskämpfern und NS-Opfern gleichzusetzen schien. Die Replik der *Bild-Zeitung* kam prompt:

6.4 Moral panic, Sympathisantendiskurs

Böll, dieser christliche Denker, bedient sich im »Spiegel« einer Sprache, die Gemeinschaftswerk Karl-Eduard von Schnitzlers [Chefkommentator des DDR-Fernsehens] und Joseph Goebbels sein könnte (zit. n. Balz 2008: 83).

Die Zeitschrift *Quick* schrieb am 2. Februar 1972: »Die Bölls sind gefährlicher als Baader-Meinhof«, während die *Welt* eine Karikatur abdruckte, die Heinrich Böll zeigte, der Ulrike Meinhof Rückendeckung gab, während sie einen Polizisten erschoss. Allerdings gab es auch ausgewogen argumentierende Stimmen etwa in linksliberalen Medien wie der *Süddeutschen Zeitung*, wo Bölls Essay zwar kritisch, aber nicht diffamierend kommentiert wurde. Politikerstimmen waren unter den Gemäßigten kaum zu hören – außer Bundeskanzler Willy Brandt, der mitten im Gesetzgebungsprozess des »Radikalenerlasses« stand und sich dennoch öffentlich hinter den Schriftsteller stellte.

Mit dem Begriff des »Sympathisanten« war eine neue Frontlinie mitten durch die bundesdeutsche Gesellschaft gezogen. Wer fortan öffentlich Empathie für einzelne Personen aus dem RAF-Umfeld zeigte, zur Mäßigung aufrief oder auch nur an die Grenzen des liberalen Rechtsstaates erinnerte, lief Gefahr, zum »geistigen Urheber«, »Geburtshelfer« oder »Helfershelfer« der Gewalt abgestempelt zu werden. Zusätzlich angeheizt wurde die Stimmung, als das im Dezember 1971 festgenommene RAF-Mitglied Karl-Heinz Ruhland ›auspackte‹ und neben der Strategieplanung der RAF auch die Namen vermeintlicher Quartiergeber für die RAF im gesamten Bundesgebiet nannte, darunter ein Journalist, ein Musiker, ein Professorenehepaar und ein katholischer Priester. Zudem startete die RAF im Mai 1972 ihre erste große »Offensive«, die tatsächlich reihenweise Todesopfer zur Folge hatte, aber die Böll ja zum Zeitpunkt seiner Veröffentlichung nicht voraussehen konnte. Als am 1. Juni 1972 Andreas Baader festgenommen wurde, wurde Bölls Landhaus in der Eifel von der Polizei umstellt und seine Gäste mussten sich im Rahmen einer Fahndungsaktion ausweisen (Grützbach 1972).

Von der Intellektuellenhetze waren nun vor allem Literaten, Künstler, Professoren und Pfarrer betroffen, generell aber auch vermeintlich unverantwortliche Eliten und nachlässige Politiker – vor allem natürlich solche der sozialliberalen Koalition. In einer dichten Reihe ritualisierter Medienskandale traf es viele, die nicht nur als »Rädchen in der Maschine«, sondern als genuine Urheber von Terror und Gewalt verunglimpft wurden. Gezielt wurde vor allem auf den Phänotyp des linken »Zeitgeistes«, der idealerweise die »Frankfurter Schule« durchlaufen hatte.

Zu Archetypen des ›Sympathisanten‹ wurden Professoren wie etwa Peter Brückner, der 1972 vom Dienst an der Universität Hannover suspendiert wurde, weil er in einem Gutachten den Erhalt des Sozialistischen Patientenkollektivs befürwortet hatte. Am 26. Mai 1972 hieß es in der *Bild-Zeitung* unter einem Foto des Soziologen: »Professorengehalt für Helfer der Bande läuft weiter« (zit. n. Balz 2006: 334). CDU-Generalsekretär Heiner Geißler sagte mit Blick auf Brückner: »Als Sympathisanten müssen auch diejenigen angesprochen werden, die in letzter Zeit zur geistigen Verwirrung beigetragen haben« (zit. n. Tolmein/zum Winkel 1987: 45).

Dass selbst die Zähne von Terroristen die bundesdeutsche Gesellschaft in eine geradezu kollektive Psychose versetzen konnten, zeigt das Beispiel von Claus Peymann, dem Schauspieldirektor des Kleinen Hauses der Württembergischen Staatstheater in Stuttgart. Anfang Juni 1977 hatte ihn ein Brief von Inge Ensslin, der Mutter von Gudrun Ensslin, erreicht, in dem sie rund 60 Prominente um finanzielle Unterstützung für eine aufwendige Zahnbehandlung der Stammheimer RAF-Inhaftierten bat. Peymann selbst spendete 100 D-Mark und hängte das Bittgesuch mit einem Aufruf zur Beteiligung an der Sammelaktion am hausinternen Schwarzen Brett seines Theaters auf. Es kamen zwischen 500 und 600 D-Mark zusammen, was bis September 1977 niemanden störte, bis die *Bild-Zeitung* auf den Vorgang aufmerksam wurde. Das Blatt dramatisierte in gewohnter Manier und schrieb gar von 50 000 D-Mark, die am Theater gesammelt worden seien. Die Zeitschrift *Quick* legte nach und brachte Peymann mit einer 1972 aus der Rüstkammer seines Theaters verschwundenen und untauglich gemachten Waffe in Verbindung, die 1975 beim Überfall der RAF auf die deutsche Botschaft in Stockholm wieder aufgetaucht war. Peymann hatte damit zwar nachweislich nichts zu tun, aber es war ein neuer prominenter »Sympathisant« geschaffen, der »Dramaturg des Untergrunds«, wie die *Bild-Zeitung* schrieb.

Die CDU-Fraktion im Landtag von Baden-Württemberg forderte die unverzügliche Entlassung Peymanns, die Gewerkschaft der Polizei sah eine »geistige Verwandtschaft zum Terrorismus« und rief zum Boykott des Theaters auf. Dem baden-württembergischen CDU-Ministerpräsidenten

Hans Filbinger war der unbequeme Theatermann schon länger ein Dorn im Auge, aber der Stuttgarter Oberbürgermeister Manfred Rommel (CDU) verhinderte den Rausschmiss Peymanns. Pikant war dabei, dass Peymann seinen Vertrag in Stuttgart noch bis 1979 erfüllte, Filbinger aber aufgrund seiner Tätigkeit als Marinerichter am Ende des Zweiten Weltkriegs noch vor ihm gehen musste. Peymann selbst hatte nach der »Zahnaffäre« im Herbst 1977 mehr als 700 Briefe erhalten – einige davon ermutigenden Charakters, die meisten jedoch waren empörte Schreiben voller Hass und Hetze, die bis hin zur Morddrohung reichten (Weber 2013: 25–28).

Neben Literaten und Künstlern im weitesten Sinne standen vor allem protestantische Pfarrer im Fokus der Sympathisantenhetze. Gerade auf linksliberal-protestantischer Seite waren die anfänglichen Bemühungen stärker gewesen, die Terroristen als verloren gegangenen Töchter und Söhne argumentativ zu überzeugen und ihnen einen Weg zurück in die Gesellschaft zu ebnen. Überhaupt war hier auch die Bereitschaft größer, die Gesellschaft und sich selbst kritisch zu hinterfragen, welche Fehler man gemacht haben könnte, um die gesellschaftspolitischen Ursachen des Terrorismus zu ergründen.

Kurt Scharf etwa, der evangelische Bischof von Berlin, beklagte nach dem Selbstmord von Ulrike Meinhof öffentlich eigene und gesamtgesellschaftliche Versäumnisse. Bereits im Oktober 1974 hatte er die Terroristin im Gefängnis in Berlin-Moabit besucht, was die *Bild-Zeitung* mit der Schlagzeile »Handgranaten im Talar« quittierte. Dem »roten Bischof«, der lange Jahre in der DDR gewirkt hatte, der auch RAF-Inhaftierten nicht die Seelsorge verweigerte und später auch Verena Becker, Monika Berberich, Ingrid Schubert und Brigitte Mohnhaupt in der Haft besuchte, wurde vorgeworfen, er trage »Mitschuld und Mitverantwortung« daran, dass »so manche Kirche zum Tanzpalast der Linksputschisten« geworden sei (Diewald-Kerkmann 2012b: 225). Auch Heinrich Albertz und Helmut Gollwitzer sind hier zu nennen. Albertz, weitläufig mit Ulrike Meinhof verwandt, hatte sich vom anfänglichen Hardliner zum Vermittler gewandelt und war deshalb auch bei der Lorenz-Entführung 1975 von den Kidnappern als »Zwischengeisel« und Begleiter der freigepressten Terroristen benannt worden, die ausgeflogen wurden. Gollwitzer wiederum stand immer wieder in Briefkontakt mit Gudrun Ensslin und besuchte sie im Januar 1977 in Stammheim. 1976, bei der Beerdigung Ulrike Meinhofs, hatte er zudem in seiner Grabrede für ein gewaltloses Eintreten für den Sozialismus geworben (Lenk 2024: 196).

Alle drei Theologen stehen damit auch im Kontext einer Entwicklung des deutschen Protestantismus der 1970er-Jahre: Die Theologen, die das politische Engagement der evangelischen Kirchen forderten und deren zunehmende Politisierung begrüßten, waren selbst ein aktiver und weithin beachteter Teil der intellektuellen Debatte der Bundesrepublik geworden. Sie standen damit Pate für innovative Impulse im innerkirchlichen Prozess der Demokratisierung und der politischen Öffnung der evangelischen Landeskirchen. Im Rahmen des Sympathisantendiskurses wurden sie jedoch vielfach diffamiert.

Parteipolitiker vor allem von CDU und CSU nahmen erst eine Sprecherposition im Sympathisantendiskurs ein, als dieser auf seinen Höhepunkt im Deutschen Herbst zusteuerte. Eine der Initialzündungen war dabei gewiss der »Nachruf« auf den Generalbundesanwalt in der Zeitung des Göttinger Allgemeinen Studentenausschusses (AStA), der nach dem Mord an Siegfried Buback unter dem Pseudonym »Mescalero« veröffentlicht wurde und aus Sponti-Kreisen stammte. Der Verfasser hatte in seinem »Rülpser«, wie er den Beitrag selbst nannte, die Formulierungen des »inneren Händereibens« und der »klammheimlichen Freude«, die er nicht verhehlen könne, benutzt und damit Schlagworte geschaffen. Vor allem das bis heute funktionierende Reizwort der »klammheimlichen Freude« löste einen Skandal enormen Ausmaßes aus, weil weite Teile der bundesrepublikanischen Gesellschaft darin die vorherrschende Geisteshaltung der Studierenden zu erkennen glaubten. Eine vermeintliche Gesinnungsgenossenschaft ›der‹ Studierenden mit ›den‹ Terroristen schien belegt. Dabei hatten die Medien in aller Regel nur die belastenden Schlüsselworte aufgegriffen, nicht aber die später im Text folgenden, doch recht deutlichen Abgrenzungen von der Gewalt (»Unser Weg zum Sozialismus […] kann nicht mit Leichen gepflastert werden«).

Der Göttinger »Mescalero« rief nicht nur die ›große Politik‹ auf den Plan, sondern löste geradezu eine Welle von Anklagen und Prozessen vor allem gegen Studierende und Professoren aus, die den Text nachgedruckt oder in anderer Weise irgendwie (vermeintlich oder tatsächlich) damit zu tun gehabt hatten. Fast 70 Männer und Frauen wurden allein wegen des

Nachdrucks des Textes strafrechtlich verfolgt, insgesamt wurden mehr als 140 Personen beschuldigt – in aller Regel erfolglos. Im Jahr 1980 urteilte der Bundesgerichtshof, dass der Text nichts Strafbares enthalten habe. Erst 21 Jahre später gab sich der Literaturwissenschaftler Klaus Hülbrock als Autor dieses »ebenso provokativen wie unorthodoxen Reflexionsprozesses« (Spiller 2006: 1227) zu erkennen, als sein Text erneut politisch instrumentalisiert werden sollte – als »historische Altlast« im Zusammenhang der öffentlich geführten Diskussion um die »68er«-Vergangenheit der grünen Bundesminister Joschka Fischer und Jürgen Trittin.

Der »Mescalero-Nachruf« und der überhitzte Sympathisantendiskurs führten nun auch zu rhetorischen Spitzfindigkeiten, anhand derer die *political correctness* öffentlicher Äußerungen abgeprüft werden konnte. Dies zeigte nicht zuletzt der Vorschlag des damaligen rheinland-pfälzischen Kultusministers Bernhard Vogel,»jeden als Sympathisanten des Terrors zu brandmarken, der im Zusammenhang mit Baader/Meinhof von Gruppe statt von ›Bande‹« spreche oder wer sich mehr dafür interessiere,»ob sich ein Terrorist im Hungerstreik befindet, als dafür, wer sich um die Kinder der ermordeten Polizisten kümmert« (*Bild*, 14.09.1977).

Dass nun, im Krisenjahr 1977, die »Burgfriedenspolitik« der Krisenstäbe und überparteilich beschlossenen Anti-Terror-Maßnahmen zu bröckeln begann, zeigte in aller Deutlichkeit eine Zitatensammlung, die noch im Oktober desselben Jahres unter der Federführung des damaligen CDU-Generalsekretärs Heiner Geißler herausgegeben und als Kopiervorlage an die einzelnen Bezirksverbände der Christdemokraten verteilt wurde. Angepriesen wurde die Publikation, von der man »regen Gebrauch« machen solle, als »besonders wertvolle« Unterstützung bei Versammlungen oder beim Formulieren von Leserbriefen (Terrorismus in der Bundesrepublik Deutschland 1977). Selbst konservative Medien kritisierten fast einhellig das Konvolut von willkürlich aus dem Zusammenhang gerissenen Aussagen, mit denen Persönlichkeiten wie Heinrich Böll, Günter Grass, Erich Fried, Alexander Mitscherlich, Helmut Gollwitzer, Heinrich Albertz, aber auch Helmut Schmidt, Willy Brandt, Werner Maihofer, Gerhart Baum, Hans-Jochen Vogel oder Erhard Eppler eine wie auch immer geartete »Agitation gegen den freiheitlichen Rechtsstaat«, »Sympathie«, Mitverantwortung für den Terrorismus oder zumindest dessen Verharmlosung unterstellt wurden. Die Situation im Herbst 1977 gab den

Unionsparteien die Gelegenheit, sich im ›Geschäft mit der Angst‹ zu profilieren und mit der Wendung von »Recht und Ordnung« die Semantik des starken Staates zu untermauern (Saupe 2015: 181). Darüber hinaus ging es darum, Kapital aus der tradierten Feindschaft gegen ›die‹ linken Intellektuellen zu schlagen und der SPD-geführten Bundesregierung Überforderung und Unfähigkeit bei der Terrorismusbekämpfung zu attestieren.

Der ›Zitatenschatz‹ Geißlers war dabei mehr als nur ein Bonbon für die »Stahlhelmfraktion« innerhalb der CDU. Er war vielmehr der Auftakt zur vermeintlichen Befreiung von dem Joch des linken »Zeitgeistes«, der sich seit den 1960er-Jahren breitgemacht habe. Der Sympathisantendiskurs wurde nun zum Frontalangriff gegen die sozialliberale Koalition und ihre Reformideale, gegen ›den‹ Intellektuellen, der permanent seine Kompetenzen zu überschreiten schien – und generell gegen die antiautoritäre Revolte von »68«. Die neue Sprachschöpfung des ›Sympathisanten‹ ist aber auch vor dem Hintergrund zu sehen, dass die Bundesrepublik zwar Erfahrung damit hatte, auch sprachlich mit äußeren Bedrohungen etwa im Rahmen des Ost-West-Systemkonflikts umzugehen, nicht aber mit Bedrohungen, die aus dem Inneren der eigenen Gesellschaft kamen. Die neue Semantik des »starken Staates« ist in diesem Zusammenhang nicht nur als Reaktion auf das Credo von »mehr Demokratie wagen«, sondern auch als ablenkende Reaktion auf die neue Ostpolitik der sozialliberalen Regierung zu sehen.

Mit der Geißler'schen Sammlung, so Lars Tschirschwitz (2017: 193), fiel das Verhältnis der CDU zu den Intellektuellen der Republik zurück in die Zeit von Kanzler Ludwig Erhard, der diese noch »Pinscher« genannt hatte. Geißler, der später auch parteiübergreifend immer wieder Wertschätzung als »Querdenker« und »Parteiintellektueller« erfahren sollte, gab sich hier als aggressiver Antiintellektueller, der – koste es, was es wolle – als CDU-Generalsekretär Profil gegenüber der sozialliberalen Koalition gewinnen wollte. Im Grunde ging es aber auch um einen Schlag gegen die Intellektuellen, die immer wieder geistige Kontinuitäten auf der rechten Seite aufzeigten, die zur NS-Barbarei geführt hatten. Gegen diese Intellektuellen konnten nun Schuld und Verantwortung der Linken für Terror und Mord angeführt werden.

Nach der Planungs-, Reform- und Fortschrittseuphorie der späten 1960er- und frühen 1970er-Jahre, nach einer tiefgreifenden politischen und ökonomischen Klimaveränderung durch die »Grenzen des Wachstums« (1972), die Ölpreiskrise (1973) und generell durch die Entwicklungen in der Phase »nach dem Boom« (Doering-Manteuffel/Raphael 2012) setzten nun die »Kräfte der Gegenreform« an (Schildt 2004). Die Themen Innere Sicherheit und Terrorismus waren dabei ein zentrales Element der CDU-Strategie gegen die amtierende Regierung und Teil der »konservativen Tendenzwende« der zweiten Hälfte der 1970er-Jahre. Und in der Tat war die SPD immer wieder einer inneren Zerreißprobe zwischen der ›Stimme des Volkes‹ und der rechtsstaatlichen Räson ausgesetzt. Die spätere SPD-Justizministerin Herta Däubler-Gmelin fasste die Situation so zusammen: »Es ereignete sich ein furchtbarer Anschlag. Man guckt, was die CDU fordert, und streicht die Hälfte weg und das ist dann sozialdemokratische Politik« (zit. n. Terhoeven 2022: 67).

6.5 »Kollateralschäden« und Sprachbilder des Krieges

Die öffentliche Dynamik im Zeichen der *moral panic* rund um die linksterroristische Bedrohung führte nicht nur zu Überreaktionen aufseiten von Politik und Justiz, sondern auch bei den Polizeibehörden. Die Opfer waren dabei völlig Unschuldige. Eines der wohl prominentesten Opfer war kein militanter Linker und kein Krimineller, sondern der gerade 17 Jahre alte Lehrling Richard Epple aus Breitenholz bei Tübingen. Der führerscheinlose und unter Alkoholeinfluss stehende Bauernsohn war am Abend des 1. März 1972 in Tübingen einer Polizeikontrolle aufgefallen, weil an seinem Auto der Blinker defekt war. Als die Beamten ihn anhalten wollten, geriet er in Panik. Der junge Autonarr raste davon, lieferte sich mit der Polizei eine rund halbstündige Verfolgungsjagd, durchbrach dabei Straßensperren und gefährdete Polizisten, die der festen Überzeugung waren, dass es sich nur um einen Terroristen handeln könne. Am Ende der Verfolgungsjagd, mitten in dem kleinen Dorf Affstätt bei Herrenberg, gingen dann einem Polizisten die Nerven durch. Mit einem ganzen Magazin der neu für die Polizei angeschafften Maschinenpistolen durchsiebte er geradezu das Auto des Flüchtigen und tötete ihn.

Hätte den Beamten nicht seltsam vorkommen müssen, dass der Gejagte das Feuer nicht erwiderte, wo doch bekannt war, dass die RAF-Terroristen den Finger immer schnell am Abzug hatten? Waren die Aussagen der Beamten glaubhaft, sie hätten nicht erkannt, dass es sich um einen Jugendlichen handelte? Warum wurde der zuständige Staatsanwalt erst am späten Vormittag des nächsten Tages informiert? Warum konnte sich der Beamte, der geschossen hatte, eine Woche lang einer förmlichen Vernehmung durch die Staatsanwaltschaft entziehen? Warum wurden die Ermittlungen wegen fahrlässiger Tötung bereits zwei Wochen nach dem Vorfall eingestellt? Der »Fall Epple« war »Zündstoff«, so der zuständige Generalstaatsanwalt in einem internen Schreiben. Rasch gründete sich in Tübingen ein Solidaritätskomitee für Richard Epple und die Medien stellten unbequeme Fragen. Zurück blieben nach diesem tragischen Zwischenfall ein toter Jugendlicher, ein schaler Beigeschmack und einige Jahre später der Selbstmord des Polizeibeamten, der die Schüsse abgegeben hatte.

Nur knapp vier Monate nach der Tötung Epples sorgte der Tod des Schotten Ian McLeod für weitere Aufregung. Am 25. Juni 1972 wollten Polizeibeamte seine Wohnung in Stuttgart untersuchen, weil die Adresse im Umfeld der RAF aufgetaucht war. Als der am Terrorismus völlig unbeteiligte McLeod unbewaffnet und unbekleidet die Tür öffnete, die schwer bewaffneten Beamten sah und die Tür wieder zuschlug, eröffneten die Polizisten das Feuer. Der 24-jährige Schotte starb durch zwei Kugeln in den Rücken, abgegeben durch eine geschlossene Tür. Wahrscheinlich hatte es sich bei der Fahndungsaktion um eine Abstimmungspanne zwischen Bundesanwaltschaft und Polizei gehandelt. Auf alle Fälle aber war der Schotte das zweite unschuldige Opfer innerhalb kurzer Zeit – einer buchstäblich »bleiernen Zeit«. Richard Schmid, der frühere Präsident des Oberlandesgerichts Stuttgart, sprach von »reinster Schießlust« bei den Polizeibeamten (Haus der Geschichte Baden-Württemberg 2013: 56). Völlig unbeteiligt war auch die 56-jährige Hausfrau Edith Kletzhändler, die am 19. November 1979 in Zürich bei einem Schusswechsel von einem Querschläger entweder eines RAF-Terroristen oder eines Polizeibeamten getötet wurde. Nicht erwähnt sind bei dieser kurzen Aufzählung tragischer ›Kollateralschäden‹ der Terroristenjagd die zahlreichen Passanten und Polizisten, die – teils schwer – verletzt wurden.

Erst relativ spät haben sich Wissenschaftler intensiver damit beschäftigt, mit welchen Sprachbildern, Argumentationsfiguren und Deutungsmustern auf beiden Seiten der Konfliktparteien gearbeitet wurde, wie damit der Terrorismus in der Bundesrepublik sozial konstruiert und das Klima der *moral panic* geschaffen wurde. Schon allein mit ihrer Bezeichnung als »Rote Armee Fraktion« mit der Abkürzung RAF hatten die Terroristen tief in das Arsenal deutscher Schreckbilder gegriffen. Bei der älteren Generation blitzten sofort Erinnerungen an die Bombenflüge der *Royal Air Force* gegen deutsche Städte im Zweiten Weltkrieg und vor allem natürlich an die sowjetischen Rotarmisten auf. Überhaupt ließ die abstrakte Revolutionsdrohung viele Zeitgenossen eine ›Weimarisierung‹ der westdeutschen Gesellschaft mit Straßenschlachten, Gewalt und politischen Morden fürchten. Auch das in die Kommunikationsstrategie der Terroristen integrierte RAF-Logo, das markante Signet mit der stilisierten Darstellung einer Maschinenpistole vom Typ Heckler & Koch MP 5, die viele fälschlicherweise für eine sowjetische Kalaschnikow hielten, in Verbindung mit den drei Großbuchstaben RAF und dem roten fünfzackigen Stern tat sein Übriges. Zur ›Marke RAF‹ wurde das Logo dann vor allem während der Schleyer-Entführung 1977, als es eine durch das Fernsehen promovierte »öffentliche Karriere« (Steinseifer 2012: 393) erlebte und geradezu zur *corporate identity* der Terroristen wurde.

Auf der anderen Seite standen Vertreter von Politik, Justiz und Medien, aber auch aus der Wissenschaft, die mit einer bellizistischen Sprache reagierten und in Kategorien des Krieges dachten. Immer öfter war hier von »Bürgerkrieg« und »Sympathisantenheer« die Rede, immer öfter wurden auch Metaphern von »Sumpf« und »Metastasen« bemüht. Solche Bedrohungsszenarien reichten bis hin zu der am 25. Oktober 1974 im *Rheinischen Merkur* kolportierten Vermutung, die Terroristen könnten eine Atombombe in ihren Besitz bringen (zit. n. Schildt 2004: 470).

Im Rückblick auf den Deutschen Herbst 1977 formulierte Altkanzler Helmut Schmidt im Jahr 2007 in einem Interview mit der ZEIT in recht deutlichen Worten:

> Wir hatten alle die Kriegsscheiße hinter uns. Strauß hatte den Krieg hinter sich, Zimmermann hatte den Krieg hinter sich, Wischnewski hatte den Krieg hinter sich. Wir hatten alle genug Scheiße hinter uns und waren abgehärtet. […] Der Krieg war eine große Scheiße, aber in der Gefahr nicht den Verstand zu verlieren, das hat man damals gelernt. […] Jeder Krieg bringt Verrohung mit sich, auf allen Seiten (DIE ZEIT, 30.08.2007).

Dieter Schenk, selbst ehemaliger BKA-Mitarbeiter und Biograph seines damaligen Chefs Horst Herold, erklärte das Vorgehen seines Vorgesetzten so:

> Herold lebte im Krieg mit den Terroristen, er war Kriegspartei, es war sein Krieg. Er erweckte den Eindruck, als habe man ihm persönlich diesen Krieg erklärt (zit. n. Hachmeister 2007: 325).

Am offenen Grab seines Freundes Siegfried Buback schwor Herold dann auch im April 1977: »Ich bringe sie dir alle«. Der Historiker Golo Mann kam in der *Welt* vom 7. September 1977 zu dem Schluss:

> Man befindet sich in einer grausamen und durchaus neuen Art von Bürgerkrieg […]; auch nur zwölfhundert [sic!] zu allem entschlossene Mörder, fähige, schlaue, phantasiebegabte Menschen […] sind stark genug, den Staat zu zerbrechen […]. Wir befinden uns im Krieg.

Diese wenigen Belege zeigen, wie Staat, Öffentlichkeit und Medien die Kriegsterminologie der RAF übernahmen und geradezu hilflos als ›Kampf auf Leben und Tod‹ darstellten: »Dem Selbstverständnis der Guerilla-Krieger entsprach die Emphase eines Teils ihrer Gegner bei der Selbstdarstellung als ›Verteidiger‹ in einem ›Weltbürgerkrieg‹«, so Andreas Musolff (1995: 443). Er verwies auch darauf, dass diese Kriegsmetaphorik – ähnlich wie der Sympathisantendiskurs – bereits im Herbst 1977 ihren Zenit erlebt hatte und sich nun verstärkt in Kritik an den »Kriegsmythen der Terroristenjagd« artikulierte. Rudolf Augstein äußerte etwa im *Spiegel* vom 3. Oktober 1977, mit dem Schlagwort vom »Weltbürgerkrieg« seien zwar massive Gesetzesänderungen zu legitimieren, der vermeintliche »Krieg« könne damit aber nicht gewonnen werden. Andreas Musolff sieht hier und anhand anderer Beispiele eine einsetzende »De-Eskalierung des

Terrorismusdiskurses« (Musolff 1995: 431). Bereits zum zehnten Jahrestag des Deutschen Herbstes war diese »verhängnisvolle Fixierung auf den Kriegsmythos« Gegenstand einer lebhaften Debatte, in der man sich schrittweise eingestand, den Kriegsbegriff überstrapaziert zu haben.

Abb. 7: Tausende Bürgerinnen und Bürger nehmen 1977 in ganz Deutschland an Trauer- und Schweigemärschen teil, hier am 16. April in Karlsruhe nach dem Mord an Siegfried Buback und seinen Begleitern. Sie sind die maßvolle Stimme der mahnenden Masse gegen Terror und Gewalt.

Neben den verbalen Aufrüstungen und der Fixierung auf den Kriegsmythos – das gilt es hier zu betonen – gab es auch in den heißen Phasen des Terrorismus- und Sympathisantendiskurses immer wieder Stimmen, die zur Mäßigung und zur Vernunft aufriefen. Genau diese Stimmen, die an Rechtsstaatlichkeit und Augenmaß erinnerten, hatte ja bereits die Geißler'sche Zitatensammlung aus dem Jahr 1977 gebündelt, wenn auch in anderer Absicht. Medial transportiert und im kollektiven Gedächtnis stärker verankert scheinen jedoch die extremeren Aussagen von Bürgern zu sein, die bei Passantenbefragungen und Fernsehinterviews geäußert wurden und in denen bekundet wurde, man habe sich selbst tagtäglich bedroht gefühlt und in denen gefordert wurde, die RAF-Terroristen freizulassen und sofort auf der Flucht zu erschießen. Aber auch hier gab es Stimmen, die an Vernunft und Humanität appellierten. Eines der prominentesten Beispiele für Augenmaß und Mut zugleich ist der Stuttgarter CDU-Oberbürgermeister Manfred Rommel. Als wenige Wochen nach der »Peymann-Affäre« der Vater von Gudrun Ensslin das in Sachen *moral panic* bereits erprobte Stadtoberhaupt darum bat, die Leichname der drei toten Terroristen Baader, Ensslin und Raspe auf dem Stuttgarter Dornhaldenfriedhof in einem Gemeinschaftsgrab bestatten zu lassen, willigte Rommel mit zwei Sätzen ein, die Geschichte geschrieben haben: »Irgendwo muß jede Feindschaft enden. Und für mich endet sie in diesem Fall beim Tod.« Während Ministerpräsident Filbinger darauf drängte, nur das »Landeskind« Gudrun Ensslin in Stuttgart bestatten zu lassen, andere Stimmen die Leichname irgendwo anonym verscharrt wissen wollten und wiederum andere fürchteten, die Grabstätte könne zum Wallfahrtsort von RAF-Sympathisanten werden, lebte Rommel gegen den Protest zahlreicher Bürger seinen schwäbischen Liberalismus und wurde dafür sogar vom linken *Kursanzeiger* im März 1978 als Vertreter eines »respektablen Konservatismus« gelobt.

Manfred Rommel, der »Mutige im Musterländle«, so DIE ZEIT, hatte die Bestattung ermöglicht, die zu einer der bizarrsten Szenen in der Geschichte der alten Bundesrepublik wurde, als am 27. Oktober 1977 Familienangehörige, teils vermummte »Sympathisanten«, Schaulustige und protestierende Bürger unter großem Polizeiaufgebot den drei RAF-Köpfen das letzte Geleit gaben. Zwei Tage zuvor hatte Bundespräsident Walter Scheel bei der Trauerfeier für Hanns Martin Schleyer mit einer Anspielung auf Rommel den Grundgedanken einer liberalen Gesellschaft auf den Punkt gebracht, als er in der Stuttgarter Domkirche St. Eberhard sagte:

> Haben diejenigen, die die Terroristen unterstützen, überhaupt noch nicht begriffen, was eine demokratische Lebensordnung ist, so haben diejenigen, die auf der menschlichen Würde auch des Terroristen bestehen, die Demokratie zu Ende gedacht (zit. n. Streithofen 1978: 238).

7 Linksterrorismus in transnationaler Perspektive

»Wer die sozialrevolutionären Terrorismen in Westeuropa der siebziger Jahre verstehen will, darf sie nicht alleine aus nationaler Perspektive betrachten«, so Petra Terhoeven (2014: 651). Eine solche transnationale »Verflechtungs- und Beziehungsgeschichte« erweitert den Blick auf Gewaltphänomene, die fast alle westeuropäischen Staaten, aber auch die USA und Japan erfassten. Alle diese liberalen Verfassungsstaaten wurden in ihrem Kern getroffen und herausgefordert. Am stärksten betroffen waren neben der Bundesrepublik Italien, Frankreich und die Niederlande. Großbritannien stellt mit der nordirischen *(Provisional) Irish Republican Army* (IRA) einen Sonderfall des nationalistisch-separatistischen Terrorismus dar (Hürter 2015b: 63–71). Die *Weathermen* in den USA sind hingegen stärker vor dem Hintergrund der US-amerikanischen Rassenkonflikte und dem Vietnamkrieg, den damit verbundenen Studentenrevolten und den *Black-Power*-Bewegungen des Landes zu sehen. Vor allem waren sie bei weitem nicht so brutal wie ihre europäischen Kampfgenossen: Nachdem bei der Vorbereitung von Anschlägen eigene Mitglieder ums Leben gekommen waren, schlossen die *Weathermen* Mord als Mittel des politischen Kampfes bewusst aus und zersplitterten sich bereits Mitte der 1970er-Jahre in mehrere kleinere Gruppierungen (Varon 2004; Metzler 2012). Zudem trug die systematische staatliche Verfolgung und der hohe Preis der Illegalität dazu bei, dass die *Weathermen* früh statt auf Aktionen nach außen auf ihren Selbsterhalt nach innen setzen mussten. Nichtsdestotrotz gingen um das Jahr 1970 allein 25 Sprengstoffattentate auf ihr Konto. Gemeinsam mit anderen linksrevolutionären Gruppen waren sie verantwortlich für eine Serie von mehr als 2000 Anschlägen (Varon 2004: 3).

Gleichermaßen einen Sonderfall stellt auch die »Japanische Rote Armee« (JRA, *Nihon Sekigun*) dar, die den »Antiimperialismus nach Hiroshima« der japanischen Studentenbewegung und der nach »68« entstandenen Guerillagruppen kanalisierte, bereits 1970 weitgehend zerschlagen war, dann aber aus dem Ausland und vor allem in Kooperation mit der »Volksfront zur Befreiung Palästinas« (PLFP) besonders brutale Attentate in der Tradition der Kamikaze-Anschläge verübte (Derichs 2006). Zudem bestand hier eine Verbindung nach Nordkorea, die durch einen aus heutiger Sicht kurios anmutenden Brief der RAF von 1971 an die Führung Nordkoreas einen Niederschlag auch in der Bundesrepublik fand. Vermutlich weil Nordkorea immer wieder Rückzugsort und Ausbildungsstätte für Terroristen der JRA gewesen war, erhofften sich die RAF-Mitglieder um Ulrike Meinhof eine ähnliche Unterstützung durch die Diktatur (Lemler 2008: 65).

Die folgenden Betrachtungen orientieren sich an den Entwicklungslinien der drei RAF-Generationen im trans- bzw. internationalen Kontext: Zunächst geht es um transnationale Dynamiken und Radikalisierungen, die vor allem seit dem Höhepunkt der Revolte von »68« zu beobachten waren. Diese begründeten das internationalistische Selbstverständnis der ersten RAF-Generation mit und wirkten in den beiden folgenden Generationen fort. Zweitens werden grenzüberschreitende Einflüsse und Kooperationen der verschiedenen Gruppen sowie transnationale Rückkopplungen in den Blick genommen, denn keines der vom Linksextremismus betroffenen Länder agierte abgeschirmt auf lediglich nationaler Ebene, sondern immer auch vor dem Hintergrund einer europäischen und weltweiten Öffentlichkeit. Schließlich geht es um die Frage, wie international der Terrorismus der RAF wirklich war und in welchem Maße transnationale Kontakte zum Gelingen oder Scheitern des deutschen Linksterrorismus beigetragen haben.

7.1 Die RAF als Teil des »Kampfes in den Metropolen«

> Stadtguerilla machen heißt, den antiimperialistischen Kampf offensiv führen. Die Rote Armee Fraktion stellt die Verbindung her zwischen [...] nationalem und internationalem Kampf, [...] zwischen der strategischen und der taktischen Bestimmung der internationalen kommunistischen Bewegung (aus: *Das Konzept Stadtguerilla*, April 1971, Hoffmann 1997: 48).

Die RAF verstand sich über den gesamten Zeitraum ihres Bestehens hinweg als Teil eines international geführten Kampfs gegen den (US-amerikanischen) Imperialismus, der in Solidarität mit den Befreiungsbewegungen der sogenannten Dritten Welt den Kampf in die »Metropolen« Westeuropas tragen sollte (Lütnant 2014). Das RAF-Mitglied Stefan Wisniewski formulierte es im Rückblick so: »Ohne Vietnam, ohne die Entwicklung in der Dritten Welt, wäre die RAF nicht geworden, was sie dann geworden ist« (Wisniewski 1997: 21). Von den Gründungsdokumenten der RAF bis hin zur Auflösungserklärung von 1998 findet sich dazu immer wieder der Bezug zum »Konzept Stadtguerilla« – nicht zuletzt in der 1971 von Ulrike Meinhof formulierten gleichnamigen Programmschrift. Damit bekannte sich die RAF zu einem Schlüsseldokument der südamerikanischen Befreiungsbewegungen, das durch den brasilianischen Revolutionär Carlos Marighella verfasst und posthum als *Minihandbuch des Stadtguerilleros* weltweit Verbreitung in linken Kreisen fand. Marighella, wie auch andere zeitgenössische revolutionäre Theoretiker wie Che Guevara oder Mao Tse-tung, wurden für die deutschen Linksterroristen zur theoretischen Grundlage, die dazu diente, einen bewaffneten Kampf in den Städten des industrialisierten Globalen Nordens als Äquivalent zu den Befreiungsbewegungen des Globalen Südens legitimieren zu können (Lemler 2008). So schrieb Marighella:

> Ein Räuber oder Terrorist zu sein, ist eine Eigenschaft, die jeden ehrlichen Menschen ehrt, denn sie bezeichnet genau die würdige Einstellung des Revolutionärs, der bewaffnet gegen die schändliche Militärdiktatur und ihre Ungeheuerlichkeiten kämpft. [...] Der Stadtguerillero [...] verfolgt ein politisches Ziel und greift nur die Regierung, die großen Kapitalisten und die ausländischen Imperialisten, insbesondere die nordamerikanischen, an (Marighella 1970: 144).

7 Linksterrorismus in transnationaler Perspektive

Als Terrorist war man nun nicht länger ein ruchloser Verbrecher, sondern vielmehr der verlängerte Arm einer weltumspannenden Befreiungsbewegung, die gegen die Unterdrückung und Ausbeutung durch »kapitalistisch-imperialistische Systeme« kämpfte. Der Stadtguerillero sollte als urbane Avantgarde den Befreiungskampf gegen Unterdrückung und Ungleichheit vom Land in die Stadt tragen (Hof 2022: 170). Das Mobilisierungspotenzial kam dabei aus der studentischen Protestlandschaft gegen den Vietnamkrieg, das in vielen Teilen Westeuropas zu heftigen Ausschreitungen führte und auch der RAF ein Argument bot, von der »Propaganda der Tat« zur »Propaganda der Schüsse« (Che Guevara) zu wechseln und ihren bewaffneten Kampf als Solidarisierung mit Befreiungsbewegungen der Dritten Welt zu verstehen. Neben den Kaufhaus-Brandstiftungen in Frankfurt 1968, die Gudrun Ensslin moralisch mit dem Vergleich von amerikanischen Angriffen auf vietnamesische Zivilisten auflud, waren es die Anschläge auf amerikanische Armeestützpunkte in Westdeutschland 1972, die vor allem die politische Basis in der zersplitterten Studentenbewegung mobilisieren sollten (Lütnant 2014: 56–73). Gleichzeitig wurden in der Mai-Offensive 1972 bereits erste Lücken in der internationalistischen Strategie der RAF deutlich, da andere Anschläge wie etwa das Attentat auf Bundesanwalt Wolfgang Buddenberg weniger globale Züge als den Charakter persönlicher Rache trugen.

Nach der Inhaftierung der ersten RAF-Generation trat das Narrativ der Solidarisierung mit den Befreiungsbewegungen der Dritten Welt zunehmend in den Hintergrund. Die internationalen Kontakte, die sich die RAF aufbaute, dienten primär der nationalen Ebene, um im Sinne der angestrebten Gefangenenbefreiung Druck auf die Bundesregierung aufbauen zu können. Dabei kamen der RAF-Führung zwei internationale Kontexte entgegen: Zum einen die transnationale Vernetzung europäischer Terrorgruppen, die maßgeblich über Kontakte im Nahen Osten lief, zum anderen die Solidarisierung mit der Neuen Linken in Westeuropa, die in Italien und Frankreich ebenfalls linksterroristische Gruppen hervorbrachte und in anderen Ländern wie z. B. den Niederlanden mit den Themen Hungerstreik und »Isolationsfolter« Unterstützer mobilisieren konnte.

7.2 Naher Osten: Militarisierung und Rückzug

Die Bedeutung der palästinensischen Befreiungsbewegung kann für die Geschichte des europäischen Linksterrorismus nicht unterschätzt werden. Gleichzeitig leuchtet zunächst wenig ein, wie die Kooperation zwischen arabischen militanten Nationalisten auf der einen und europäischen linken Sozialrevolutionären auf der anderen Seite angesichts offenkundiger ideologischer Differenzen über lange Jahre hinweg funktionieren konnte.

Zunächst fungierte die 1964 durch die »Arabische Liga« ins Leben gerufene »Palästinensische Befreiungsorganisation« (PLO) wie andere nichteuropäische militante Befreiungsbewegungen als Vorbild oder zumindest »Ideengeber« (Daase 2006: 911) für europäische Terrorgruppen, aber auch als »Spinnennetz« (Riegler 2012), das zwischenzeitlich den Austausch von mehr als 40 Gruppen aus verschiedensten Regionen und Kontexten organisierte. Die RAF nahm gegen Ende der 1960er-Jahre gezielt Kontakt mit der PLO auf. Im Juni 1970 reisten einige RAF-Mitglieder zur Ausbildung mit Schusswaffen und Sprengstoff in ein palästinensisches Ausbildungslager in Jordanien (Lemler 2008: 59 f.). Bereits bei dieser Reise machten sich zwar ideologische Differenzen sowie eine kulturelle Unsensibilität der RAF gegenüber ihren Gastgebern bemerkbar. Trotzdem verfestigte sich über die folgenden Jahre eine Kooperation, auch weil sich unter dem Dach der PLO verschiedene Gruppen mit unterschiedlichen ideologischen Ausrichtungen versammelten, die der RAF auch programmatische Angebote machen konnten. So etablierte sich über die Zeit, gerade auch unter dem Eindruck der inneren Machtkämpfe innerhalb der PLO, ein verstärkter Draht der radikaleren palästinensischen Gruppen wie etwa der marxistisch orientierten »Volksfront zur Befreiung Palästinas« (PFLP) zu europäischen Terroristen.

Die Schwierigkeit, eine konkrete Kooperation in Form von Ressourcen- und Informationsaustausch auch mit einer ideologischen Kooperation zu verbinden, zeigte sich allerdings bereits mit dem Attentat der palästinensischen Terrorgruppe »Schwarzer September« auf die israelische Mannschaft während der Olympischen Spiele 1972 in München. Ulrike Meinhof, die wie Andreas Baader auf der Liste der geforderten Freilassungen des »Schwarzen September« stand, bemühte sich nach dem furchtbaren Ausgang der Geiselnahme um eine Rechtfertigung des palästinensischen Terrors, indem sie die israelische Politik scharf angriff. Die Kontakte in den Nahen Osten blieben jedoch über die gesamten 1970er-Jahre hinweg bestehen. Unter anderem kam auch die Besetzung der deutschen Botschaft in Stockholm (1975) durch die Unterstützung durch palästinensische Gruppen zustande. Ebenso konnte die RAF – wie auch andere westdeutsche Terrorgruppen – den Nahen Osten immer wieder als Rückzugsraum nutzen, um sich staatlicher Verfolgung zu entziehen oder Mitglieder an der Waffe auszubilden (Wunschik 2007: 25).

Allerdings war die Kooperation mit der palästinensischen Befreiungsbewegung für die RAF ein gefährliches und nur schwer zu kontrollierendes Mittel der Gewalteskalation. Als die Entführung Hanns Martin Schleyers nicht sofort zu der gewünschten Freipressung der inhaftierten »Stammheimer« führte, bot die PFLP der RAF-Führung eine Flugzeugentführung an, um den Druck auf die westdeutsche Regierung zu erhöhen. Das PFLP-Kommando »Martyr Halimeh« (benannt nach der Terroristin Brigitte Kuhlmann, Kampfname »Halima«, die als Mitglied der »Revolutionären Zellen« bei der Entführung eines Flugzeugs im ugandischen Entebbe im Juni 1976 zusammen mit sechs PFLP-Terroristen erschossen worden war) entführte am 13. Oktober 1977 die »Landshut«. Bekanntlich war der Ausgang der Entführung nicht nur eine Niederlage für die im Untergrund lebende zweite RAF-Generation, sondern die Zustimmung zur Entführung bedeutete auch eine Abkehr von den Prinzipien der ersten, inhaftierten RAF-Generation. So betonte Andreas Baader gegenüber dem BKA, »dass die Flugzeugentführung nicht von den Gefangenen ausging und die RAF *diese* Form des Terrorismus stets abgelehnt habe« (zit. n. Daase 2006: 924).

An der Kooperation mit der palästinensischen Befreiungsbewegung lässt sich daher auch am besten die Motivationslage der jeweiligen RAF-Generation für die internationale Zusammenarbeit ablesen: Während sich die erste Generation vor allem noch in der frühen marxistischen Prägung der palästinensischen Befreiungsbewegung wiederfinden konnte und so ideologische Gemeinsamkeiten unterstrich, waren es für die zweite und dritte Generation vor allem pragmatische Beweggründe wie die Verstärkung der eigenen Militanz durch unterstützende Anschläge oder der Zugang zu Waffen und Ausbildung, die sie zur Kooperation mit den palästinensischen Gruppen bewegte (Lemler 2008: 122 f.). Dies unterschied sie im Kern nicht von anderen deutschen Terrorgruppen: Gegen Ende der 1970er-Jahre bedienten sich auch rechtsterroristische Gruppen wie etwa die »Wehrsportgruppe Hoffmann« der Verbindungen in den Nahen Osten, um hier an der Waffe ausgebildet zu werden und um eine Fluchtmöglichkeit zu haben (Hof 2022: 165; Jensen 2022: 162). Wenn es um ideologische Vorbilder ging, orientierten sich die zweite und dritte Generation der RAF jedoch zunehmend an anderen europäischen sozialrevolutionären Gruppen vor allem in Italien und Frankreich.

7.3 Italien: »Traumland der Revolution«

Der »Deutsche Herbst« fand in Italien mit den *anni di piombo* sein Äquivalent – nicht nur, weil die »bleiernen Jahre« ebenfalls einem Filmtitel (Margarethe von Trottas *Die bleierne Zeit* aus dem Jahr 1981) entlehnt waren. Zwischen 1969 und 1982 wurde das Land von fast 9000 rechts- und linksterroristischen Anschlägen erschüttert, die mehr als 350 Todesopfer und Hunderte von Schwerverletzten forderten. Die terroristische Bedrohung war hier »größer als in allen anderen westlichen Demokratien« (Hof 2010a: 22). Militante Gruppen wie die *Brigate Rosse* (BR), *Primea Linea* (PL) oder *Lotta Continua* konnten auf eine weitaus größere Unterstützerszene setzen als etwa die linksterroristischen Gruppen in der Bundesrepublik. Auch in Italien hatte sich rund um »68« eine Vielzahl linksextremistischer und antiimperialistischer subkultureller Gruppen gebildet, die – ähnlich wie in Frankreich – immer auf den bundesdeutschen SDS um Rudi Dutschke und nach West-Berlin als das heimliche Zentrum der transnationalen Gegenkulturen geschielt hatten. Dennoch wurde Italien spätestens zu Beginn der 1970er-Jahre geradezu zum »Traumland der Revolution« (Terhoeven 2014: 655). Gleichzeitig blieb die politische Gemengelage in Italien weitaus unübersichtlicher. Linksextremistische Gruppierungen wurden von neofaschistischen, teils staatlich geförderten Gegenanschlägen ins Visier genommen, während die italienische Bevölkerung unter einer scheinbar nicht abreißen wollenden Welle von Anschlägen und (politischer) Gewalt im öffentlichen Raum litt (Terhoeven 2012: 34; Lucchesi 2013).

Fasziniert von der traditionellen Stärke der Kommunisten, ihrer Geschichte des antifaschistischen Widerstands und des Partisanenkampfes, der hohen Mobilisierungskraft der Arbeiterschaft und der Nähe der linken Intellektuellen zu den Arbeitern zog es Rudi Dutschke, Horst Mahler und Ulrike Meinhof immer wieder nach Italien und hier vor allem zu dem Verleger Giangiacomo Feltrinelli, der schon im Februar 1968 den West-Berliner Vietnamkongress des SDS mitfinanziert hatte. Feltrinelli, der publizistische Welterfolge gefeiert hatte, war glühender Anhänger von Fidel Castro und Che Guevara. »GG« (für Giangiacomo) wollte den lateinamerikanischen Revolutionsgedanken nach Europa tragen und sorgte beispielsweise dafür, dass das Foto von Che Guevara des kubanischen Fotografen Alberto Korda zur Ikone der Revolte und zu einem der weltweit meistreproduzierten Bilder wurde. Im italienischen »Heißen Herbst« 1969, als Massenstreiks, Studentenproteste sowie Attentate von rechts und links das Land in eine Staatskrise stürzten, gründete Feltrinelli mit der *Gruppo d'Azione Partigiana* (GAP) eine eigene gewaltbereite Gruppierung und ging selbst in den Untergrund. Bei dem Versuch, im März 1972 einen Hochspannungsmast bei Mailand zu sprengen, wurde er tödlich verletzt.

Feltrinelli hatte auch den deutschen Linksterroristen einiges zu bieten: intellektuelle Anziehungskraft, weltweite Kontakte, Unterschlupf, Waffen und Geld – und nicht zuletzt das Gefühl, über ihn an einer globalen Revolution beteiligt zu sein. Mitglieder der »Tupamaros West-Berlin«, der »Bewegung 2. Juni«, aber auch die Kaufhausbrandstifter Baader und Ensslin, die sich auf der Flucht befanden, pilgerten zu ihm. Beide wurden hier als Stars der deutsch-italienischen Terrorszene gefeiert. Die deutsche linke Szene trieb die Frage um, ob sich die italienischen Verhältnisse von Klassenkampf und Arbeitererhebung auch auf hiesige Gegebenheiten übertragen ließen. Ulrike Meinhof orientierte sich daher für ihren Grundlagentext *Konzept Stadtguerilla* an den vorbildhaften italienischen Intellektuellen, konnte jedoch deren theorielastiger, an der Arbeiterschaft ausgerichteten »Revolutionsstrategie der langen Dauer« (Terhoeven 2016: 221) wenig abgewinnen. Trotz der mangelnden Nähe zu Vordenkern des italienischen Linksterrorismus motivierten die Italienreisen die RAF weiter zum »bewaffneten Kampf«. Dabei war der Kontakt zur schlagkräftigsten italienischen Terrororganisation, den *Brigate Rosse*, ebenfalls konfliktbehaftet. Die Roten Brigaden formierten sich ähnlich wie die RAF in Deutschland aus militanten Splittergruppen der Studentenbewegung, beschränkten sich jedoch zunächst auf Sabotageakte vornehmlich gegen Vertreter der Industrie und übten sich so in der »bewaffneten Propaganda« (Wunderle 2006: 782). Kontakte zu den Roten Brigaden waren für die RAF neben der angenommenen ideologischen Nähe vor allem deshalb attraktiv, weil die italienische Terrororganisation eine breite Unterstützungsbasis nicht nur im studentischen Milieu, sondern auch in der Arbeiterschaft des industrialisierten Nordens um Mailand und Turin vorweisen konnte. Im Vergleich dazu erschien der Führungsanspruch der RAF als sozialrevolutionäre Kraft in der Bundesrepublik als isoliert und zunehmend lächerlich, zumal ihre hierarchische Ordnung bei den dezentral organisierten Roten Brigaden auf wenig Gegenliebe stieß. Schließlich bedingten auch das Auftreten und die ideologische Perspektive der RAF, dass Brigadisten wie Valerio Morucci sie als »Vertreter der deutsch-nationalistischen Seele« (zit. n. Wunderle 2006: 782) wahrnahmen und eher auf Distanz gingen. Doch trotz der mangelnden Kompatibilität fanden besonders in den 1970er-Jahren ein reger Austausch und ein Transfer von terroristischen Praktiken zwischen bundesdeutschen und italienischen Terrorgruppierungen statt.

Die »Bewegung 2. Juni« orientierte sich beispielsweise bei der Entführung des Berliner CDU-Politikers Peter Lorenz im Februar 1975 an den Roten Brigaden, die im Frühjahr 1974 den Genueser Richter Mario Sossi entführt und damit ihre Kampfgenossen freigepresst hatten. Mit der Entführung Sossis trat auch die Strategie der Brigaden in eine neue Phase ein: Statt mit Sabotageakten wurde nun mit Entführungen und gezielten Attacken der *Stato Imperialista delle Multinazionali* (SIM) angegriffen, eine vermeintliche ›Superregierung‹, die zusammen mit multinationalen Großkonzernen agiere. Mit diesem diffusen Begriff schuf sich die Terrorgruppe eine theoretische Grundlage, um den italienischen Staat als Vertreter internationaler Unternehmen anzugreifen. Freilich waren die Attacken aber auch gegen die politische Ordnung Italiens sowie gegen persönliche Gegner der Roten Brigaden gerichtet.

Die Roten Brigaden wiederum, deren Name auf die Partisanenbrigaden der *resistenza* im Zweiten Weltkrieg zurückging, orientierten sich bei ihrer Namensgebung auch an der RAF. Zwischen beiden Terrorgruppierungen bestand eine ständige, wenn auch gelegentlich unterbrochene gegenseitige Bezugnahme. Vor allem die Roten Brigaden griffen in ihren Pamphleten immer wieder auf die Verlautbarungen der RAF zurück. Geradezu zu einem Überbietungswettbewerb zwischen den italienischen Terroristen und der RAF kam es mit und nach dem Deutschen Herbst. Bereits im April 1977 hatten Mitglieder der *Brigate Rosse* den Vorsitzenden der Turiner Anwaltskammer Fulvio Croce ermordet und damit den dort laufenden Prozess gegen inhaftierte Genossen, der ähnlich wie in Deutschland zentrale Bedeutung für die öffentliche Wahrnehmung der Terroristen hatte, gezielt angegriffen und Prozessbeteiligte eingeschüchtert (Hof 2010b). Am 16. März 1978 gelang es den Roten Brigaden, den früheren italienischen Ministerpräsidenten Aldo Moro zu entführen, wobei fünf Leibwächter des Spitzenpolitikers brutal erschossen wurden. Noch im Dezember 1977 hatte Moros Nachfolger als Ministerpräsident, Giulio Andreotti, gegenüber Helmut Schmidt verlauten lassen, dass eine Entführung hochrangiger italienischer Politiker nach dem Vorbild der RAF-Entführung Schleyers unmöglich wäre (Hof 2010a: 24). Aldo Moro selbst wurde nach 55 Tagen »Volksgefängnis« und »Volkstribunal« sowie dem erfolglosen Versuch der Freipressung von inhaftierten Kampfgenossen – analog zu Hanns Martin Schleyer – erschossen. Sein Leichnam wurde – ebenfalls im Kofferraum eines Autos – in Rom aufgefunden. Die transnationale Gewaltspirale hatte hier einen neuen Höhepunkt gefunden.

Trotz mancher Unterschiede in Selbstdarstellung, Kommunikationsstrategie, historisch hergeleiteter Selbstlegitimation und immer wieder aufkeimender ideologischer Differenzen hatten die Jahre 1977/78 gezeigt, dass die Roten Brigaden und die RAF zumindest in dieser Phase ihre Strategien auf höchstem Gewaltniveau angeglichen hatten. Ähnlich parallel schwand auch die Unterstützungsbereitschaft in der Bevölkerung: Während sich die Roten Brigaden über einen langen Zeitraum der Zustimmung großer Teile der Linken und auch der Arbeiterschaft sicher sein konnten und selbst die Berichterstattung der Medien zu einer gewissen Verharmlosung der Terrorgruppe beigetragen hatte, entzogen spätestens

7.3 Italien: »Traumland der Revolution«

Abb. 8: Der ehemalige italienische Ministerpräsident Aldo Moro wurde unter dem Logo der Roten Brigaden fotografiert, bevor er umgebracht wurde, so wie auch ein Jahr zuvor der von der RAF entführte Arbeitgeberpräsident Hanns Martin Schleyer unter dem Logo der RAF.

mit der Entführung Moros die meisten Sympathisanten den Roten Brigaden ihre Unterstützung.

Nach 1980 zerfielen die Roten Brigaden relativ rasch. Mehrere Nachfolgegruppen agierten zwar noch, allerdings auf deutlich niedrigerem Niveau, darunter vor allem die *Brigate Rosse – Partito Comunista Combattente* (BR-PCC), die bis 1987 aktiv war und dabei auch die Kooperation mit der RAF und der französischen *Action directe* zum Aufbau einer antiimperialistischen Front in Westeuropa suchte. Im Dezember 1981 gelang ihr mit der Entführung des NATO-Generals James Lee Dozier ein letzter spektakulärer Coup. Die gerade von den BR-PCC in den 1980er-Jahren gegen Vertreter des Militärs und der westlichen Verteidigungskooperation verübten Anschläge dienten der RAF und auch der *Action directe* als Vorbild. Indem die RAF 1986 bei ihrem Anschlag auf Karl Heinz Beckurts die Aktion als »Kommando Mara Cagol« und damit nach einer wichtigen Gründungsfigur der Roten Brigaden benannte, unterstrich sie noch einmal die (erhoffte) Allianz mit den italienischen Linksterroristen. Die ideologischen und strategischen Unterschiede zwischen den italienischen und deutschen Linksterroristen wurden im Verlauf der 1980er-Jahre jedoch immer deutlicher, sodass Valerio Morucci von den *Brigate Rosse* im Sommer 1986 gar davon sprach, die RAF und seine Terrorgruppe seien »feindliche Konkurrenten« (*Spiegel*, 28.07.1986).

Bei der Frage, wie der italienische Staat auf die terroristische Herausforderung reagierte und welche Strategien der Anti-Terrorismus-Politik er verfolgte, zeigen sich im Vergleich zur Bundesrepublik ebenfalls Parallelen und bemerkenswerte transnationale Rückkopplungen.

Tobias Hof unterteilt die staatliche Terrorbekämpfung in Italien im Zeitraum von 1969 bis 1982 in vier Phasen. Die erste Phase von 1969 bis 1975 war geprägt von der extrem zersplitterten und zugleich polarisierten Parteienlandschaft in Italien und dem prägenden Gegensatz zwischen Christdemokraten (*Democrazia Cristiana*, DC) und Kommunisten (*Partito Comunista d'Italia*, PCI). Vor dem Hintergrund dieser parteipolitischen Konfrontation florierten Links- und Rechtsterrorismus, ohne dass Regierung, Parlament, Sicherheits- oder Justizbehörden mit Strafrechtsverschärfungen oder ähnlichen Mitteln reagiert hätten. Vielmehr ging es beiden Parteien darum, die fragile öffentliche Sicherheitslage für ihre jeweils eigenen Interessen zu nutzen. Tobias Hof spricht in diesem Zusammenhang von einer »historisch bedingten toleranten Einstellung zur Gewalt« (Hof 2011: 348), die in Italien – im Vergleich zu Westdeutschland oder Frankreich – nach dem Zweiten Weltkrieg weiterhin im öffentlichen Raum präsent war (Nehring 2007: 349).

Allerdings waren die Roten Brigaden erst 1972 und damit später als die RAF (1970) in den Untergrund gegangen. Seit den italienischen Parlamentswahlen von 1972 kam es schließlich auch in Italien zu ersten Gesetzesverschärfungen. Mit der massiven Eskalation der Gewalt im Zuge

7.3 Italien: »Traumland der Revolution«

des »Angriffs auf das Herz des Staates« ab 1974 folgte dann zwischen 1976 und 1979 ein relativ kurzlebiger »historischer Kompromiss« zwischen Christdemokraten und Kommunisten. Jetzt erst ging der italienische Staat zu repressiven Maßnahmen über. Sowohl in Italien (1974) als auch in der Bundesrepublik (1972) waren zwar Zwischenerfolge zu verzeichnen, als man den harten Kern der Roten Brigaden bzw. der RAF festnehmen konnte, aber beide Male waren es eher Ad-hoc-Erfolge polizeilicher Einheiten – und in beiden Ländern konnten sich die Terrorgruppen wieder regenerieren.

Erst seit einer zweiten Phase in den Jahren 1976/77 kann, so Tobias Hof, von einer eigenständigen Anti-Terrorismus-Politik in Italien gesprochen werden. Zwar waren bereits im Mai 1975 mit der *Legge Reale* einige Verschärfungen der polizeilichen Befugnisse verabschiedet worden; diese standen aber eher noch in der Tradition der klassischen Kriminalitätsbekämpfung. Mit den zunehmend brutaleren Anschlägen der Roten Brigaden, denen nun auch Spitzenpolitiker, Staatsanwälte oder prominente Pressevertreter zum Opfer fielen, aber auch unter dem Eindruck der Proteste der linksautonomen »Bewegung 77« (*Movimento del '77*), die wiederum zu einer gegenseitigen Eskalation der Gewalt unter extremistischen und terroristischen Gruppen geführt hatten (Terhoeven 2014: 484), kam es mit dem »Juliabkommen« von 1977 zu einer parteiübergreifend erarbeiteten Strategie. Diese beruhte auf vier Säulen und wies durchaus Ähnlichkeiten zum Konzept der Inneren Sicherheit aus der Zeit des bundesdeutschen Innenministers Hans-Dietrich Genscher auf:

1. Ausbau der Sicherheitsorgane und Erweiterung ihrer Befugnisse sowie Reform der Geheimdienste und Einrichtung von Hochsicherheitsgefängnissen,
2. Verschärfung des Strafrechts,
3. Änderung der Strafprozessordnung,
4. präventive Maßnahmen in Form von gesellschaftlichen Reformen.

Nun erst wurden auch in Italien schrittweise die neuen Straftatbestände »Entführung und Anschlag zu terroristischen Zwecken« sowie »Bildung und Mitgliedschaft in einer terroristischen Vereinigung« eingeführt.

Vor allem der kritische Blick auf die bundesdeutsche Gesetzgebung der Jahre 1974/75, die in Italien in weiten Teilen der Öffentlichkeit als Trend zum »Polizeistaat« interpretiert worden war, hatte zu dieser Verzögerung geführt und gleichzeitig noch weitergehende Schritte verhindert. Ähnlich wie die Kronzeugenregelung in Deutschland einige Jahre später führte die italienische Kronzeugenregelung ab Mitte der 1980er-Jahre zu einer zunehmenden Auflösung der italienischen Terrornetzwerke. Reue und die Denunziation von Mittätern verringerte das Strafmaß erheblich, sodass nicht nur viele Terroristen ihrem Ziel des revolutionären Umsturzes abschworen, sondern auch die Konflikte innerhalb der Terrorgruppen um die sogenannten *pentiti* (›Reumütigen‹) maßgeblich die Auflösung der linksterroristischen Netzwerke beeinflussten. Als 1987 schließlich ein weiteres Sondergesetz viele Terroristen dazu brachte, sich im Austausch für Strafmilderung von der Gewalt loszusagen, konnten italienische Politik und Justiz in weiten Teilen von einem Ende des Linksterrorismus sprechen.

7.4 Frankreich: Europäische Guerilla gemeinsam mit der *Action directe*

Zu Beginn der 1980er-Jahre stand die RAF an einem Scheideweg: Mit dem Tod der ersten Generation und der Inhaftierung der zweiten schien die Zukunft eines sozialrevolutionären Kampfes mit Waffengewalt ungewiss. Zudem hatte die in den eigenen Reihen umstrittene Kollaboration mit den »Landshut«-Entführern zu einer Krise des internationalistischen Selbstverständnisses der Gruppe und zu der Frage geführt, ob und wie in Zukunft internationale Terrornetzwerke zu knüpfen und zu nutzen seien. Im Mai 1982 erschien schließlich ein Papier, das die neue Stoßrichtung der nun dritten RAF-Generation offenlegte: Mit dem Dokument *Guerilla, Widerstand und antiimperialistische Front* distanzierte sich die neue Führungsriege indirekt von den strategischen Allianzen ihrer Vorgänger, be-

7.4 Frankreich: Europäische Guerilla gemeinsam mit der Action directe

tonte aber weiterhin die internationalistische Ausrichtung der RAF. Gleichzeitig trat nun ein Fokus auf den europäischen Raum hinzu (Daase 2006: 926 f.). Dafür hatte sich die RAF eine neue Verbündete gesucht: die französische *Action directe* (AD).

Die linksterroristische *Action directe* hatte sich erst Ende der 1970er-Jahre und damit im europäischen Vergleich spät gegründet. Ebenso war sie nicht wie in anderen europäischen Ländern aus der Studentenbewegung um »68« hervorgegangen, sondern symbolisierte mit ihrer dezentralen, durch autonome und anarchistische Ideen geprägten Struktur bereits den Übergang zu einer neuen Praxis politischer Gewalt (Hof 2022: 174). Gemeinsam mit der RAF beschritt sie nun einen dynamischen Weg der Radikalisierung. Beide Terrorgruppen verstanden sich ideologisch offenbar so gut, dass sie in den 1980er-Jahren mehrere gemeinsame programmatische Schriften veröffentlichten und zudem – eine Ausnahme in der Kooperation zwischen verschiedenen sozialrevolutionären Gruppen – auch gemeinsam Anschläge verübten. So scheiterte zunächst ein koordinierter Anschlag auf die NATO-Schule Oberammergau im November 1984. Im Februar 1985 wurde nach gemeinsamer Absprache zunächst der französische General René Audran durch die *Action directe* und der deutsche Industrielle Ernst Zimmermann durch die RAF ermordet. Den Höhepunkt dieser blutigen Kooperation bildete der gemeinsame Anschlag auf die Rhein-Main-Airbase am 8. August 1985. Im Januar 1986 schließlich veröffentlichte die RAF ein Dokument, in dem sie ihre Visionen für Westeuropa ausformulierte:

> Wir, die revolutionäre Metropolenfront, haben die Macht, die von hier aus durchstartende Aggression der Imperialisten in Schach zu halten. Auf diese Möglichkeit der revolutionären Bewegung in Westeuropa innerhalb der gesamten internationalen Klassenkonfrontation zwischen Weltproletariat und imperialistischer Bourgeoisie sind wir aus (aus: *Die revolutionäre Front aufbauen*, Hoffmann 1997: 363).

In der Schrift *Für die Einheit der Revolutionäre in Westeuropa* hatten sich bereits ein Jahr zuvor RAF und *Action directe* zur Gründung einer »westeuropäische[n] Guerilla« bekannt (Hoffmann 1997: 328). Ihre Zusammenarbeit erreichte tatsächlich einen ungewöhnlichen Grad an Intensität. Neben den programmatischen Verbindungen und der konkreten Abstimmung von Anschlägen gab es zwischen RAF und *Action directe* auch einen regen Austausch von Waffen und Ressourcen. Dabei schien die RAF in der Zusammenarbeit die Oberhand zu haben: So verlagerte die *Action directe* ihre Strategie von Angriffen auf öffentliche Einrichtungen hin zu militärischen Angriffszielen der NATO, die gerade von der RAF als transnationales Feindbild genutzt wurde. Auch die gemeinsam veröffentlichten Kommuniqués schienen eher aus der Feder der RAF denn aus der der *Action directe* zu stammen (Gursch 2008: 182 f.).

Das Jahr 1985 markierte schließlich den Höhe- und zugleich auch den Endpunkt der transnationalen Zusammenarbeit der RAF: Nicht nur zeigten sich an der Kooperation mit der *Action directe* ähnliche ideologische Differenzen, die auch die Zusammenarbeit mit anderen Terrorgruppen schon erschwert hatten. Vor allem aber wurden mit der erfolgreichen Verhaftungswelle gegen die französische Terrorgruppe im Frühjahr 1986 bzw. 1987 weitere Möglichkeiten der Zusammenarbeit unterbunden. Dabei hatte der französische Staat im westeuropäischen Vergleich zunächst keine harte Linie gegen die Terroristen gefahren. Vielmehr hatte man die deutsche Terrorbekämpfung kritisch beargwöhnt und selbst, trotz einer ersten erfolgreichen Verhaftungswelle 1980, unter der neuen Regierung François Mitterands mit einem Amnestieangebot die meisten Terroristinnen und Terroristen wieder in die Freiheit entlassen. Die folgenden Jahre waren in Frankreich durch eine Passivität bis hin zur Ignoranz der Strafverfolgungsbehörden gegenüber den neuerlichen Aktivitäten der *Action directe* gekennzeichnet. Erst 1986 reagierte der französische Staat mit einem verschärften Terrorismusgesetz, das wiederum in der erfolgreichen Festnahme und Zerschlagung der AD-Führung mündete (Gursch 2008: 183).

7.5 Wie international war die RAF?

Die internationalen Verflechtungen des Linksterrorismus waren vielfältiger Art. Zu Beginn war es vor allem die intellektuelle Komponente eines gemeinsamen internationalen Kampfes im Kontext von Kaltem Krieg,

Dekolonisation und sogenannter Dritter Welt, dem sich die RAF mit einem eigenen »Konzept Stadtguerilla« unter der Federführung Ulrike Meinhofs verschrieben hatte. Allerdings, so macht vor allem Petra Terhoeven deutlich, verschwand diese theoretische Auseinandersetzung um die Grundlagen sozialrevolutionärer Praxis zunehmend hinter einem Wettstreit zwischen den einzelnen terroristischen Gruppen und geriet über einen »dominanten Überbietungsgestus der immer spektakuläreren Tat« (Terhoeven 2016: 213) mehr und mehr in den Hintergrund. Hatten die internationalen Kontakte zunächst eine Untermauerung der eigenen theoretischen Grundlage zur Legitimierung politischer Gewalt zur Folge, so führten sie später, besonders gegen Ende der 1970er- und in den 1980er-Jahren, zu einer weiteren Eskalation des Terrors, einer Entgrenzung der RAF-Gewalt im doppelten Sinne.

Zum einen nutze die RAF das an Deutschland angrenzende westliche Ausland, vor allem Frankreich, Österreich, die Schweiz, die Niederlande und Belgien, als Rückzugsraum, um dem Fahndungsdruck in der Bundesrepublik zu entkommen. Zum anderen agierten die Terroristen in diesen Ländern selbst, etwa indem sie dort Banküberfälle begingen oder beispielsweise bei der Schleyer-Entführung die grenznahen Bereiche zwischen Deutschland, Belgien, den Niederlanden und Frankreich als Aktionsräume nutzten. Darüber hinaus wäre das Fortbestehen der RAF nicht denkbar gewesen ohne die Ausbildungs- und Fluchträume im Nahen Osten und in der DDR. Nach Christopher Daase hätte die RAF ohne ausländische Unterstützung und ohne die transnationalen Referenzräume wohl deutlich früher ein Ende gefunden. Umgekehrt führten die trans- und internationalen Verbindungen dazu, dass ihr Scheitern umso spektakulärer und nachhaltiger scheint (Daase 2006: 929).

Nicht zuletzt nutzten die RAF-Terroristen auch ausländische Kontakte und Medien, um über sie ihre Botschaften in die Bundesrepublik zurückzutransportieren. Das wohl prominenteste Beispiel für ein derartiges transnationales Medienereignis war der Besuch Jean-Paul Sartres bei Andreas Baader in Stammheim im Dezember 1974, mit dem die RAF – trotz durchaus durchwachsener Erfolgsbilanz – ihr Thema der vermeintlichen Folterhaft über die nationalen Grenzen hinaus an die Weltöffentlichkeit tragen konnte. Dem Idol Sartre war es außerdem nicht nur gelungen, alle Kritiker des Treffens in Deutschland zum Schweigen mit geballter Faust in der Tasche zu bringen, sondern er hatte ja auch physisch die Grenze zwischen Frankreich und Deutschland überschritten, um hier gewissermaßen »nach dem Rechten zu sehen« (Terhoeven 2014: 276).

Einen ähnlichen medialen Erfolg konnte der deutsche Linksterrorismus auch mit den internationalen Reaktionen auf die Selbstmorde der Terroristen in Stammheim verbuchen. Nach dem Suizid von Ulrike Meinhof in Stammheim im Mai 1976 zweifelten die meisten niederländischen Medien diesen öffentlich an (Martens 2008: 99). Währenddessen kam es in mehreren großen Städten Frankreichs, in Griechenland, in der Schweiz und vor allem in Rom und Mailand zu militanten Protesten, teilweise verbunden mit Brand- und Sprengstoffanschlägen. Ähnliches geschah europaweit nach der »Todesnacht von Stammheim« im Oktober 1977, als sich vor allem in Italien unter dem Motto »Rache für Andreas« eine Welle antideutsch motivierter Gewalt Bahn brach, die sich gegen deutsche Firmenniederlassungen, Konsulate und kulturelle Einrichtungen richtete. Im Kern handelte es sich dabei um eine groß angelegte Aktion der neuen linksautonomen »Bewegung 77« (*Movimento del '77*), die in militanten Formen den Protest von Studierenden und arbeitslosen Jugendlichen gegen den Staat kanalisierte und ihre Schwerpunkte in den (nord-)italienischen Groß- und Universitätsstädten hatte. Generell aber waren in mehreren europäischen Ländern große Teile der Öffentlichkeit bis weit ins bürgerliche Lager hinein der Überzeugung, die drei toten Terroristen in Stammheim seien Opfer einer geheimdienstlichen Mordaktion geworden. In Italien etwa forderten Prominente, Intellektuelle und Kulturschaffende mit einer Unterschriftenliste die Rettung »der überlebenden Gefangenen, die noch in deutscher Haft auf ihren Selbstmord warten« (Terhoeven 2014: 591).

Aber nicht nur die Terroristen, sondern vor allem auch die bundesdeutsche Regierung agierte im Deutschen Herbst 1977 auf einer transnationalen Bühne (Terhoeven 2014: 451–467), deren Kulisse von der jüngeren deutschen Geschichte geprägt wurde. Mehrmals appellierte Kanzler Helmut Schmidt an die westdeutsche Bevölkerung, sich nicht vom Bild des »hässlichen Deutschen«, das in Teilen der Medien des benachbarten Auslands beschworen wurde, irritieren oder gar provozieren zu lassen. Gleichzeitig solle man diesen Ängsten aber auch nicht mit Überheblichkeit begegnen. »Denn es tut not«, so der Kanzler am

18. September 1977, »dass wir Deutschen unsere Sensibilität für die Gefühle anderer Völker nicht verlieren, gerade in der gegenwärtigen Situation nicht«. Bundespräsident Walter Scheel legte einen Tag später nach:

> Wir haben gelernt. Aber ich habe den Eindruck, dass manche unserer Nachbarn noch nicht gelernt haben, dass wir gelernt haben. Sie sollten es allmählich lernen (zit. n. Terhoeven 2014: 452).

Diesen Aspekt der gesamteuropäischen Öffentlichkeit und der vermeintlich besonderen historischen Belastung der Deutschen betonte im Herbst 1977 auch der stellvertretende Vorsitzende der SPD-Fraktion im Bundestag und frühere Justizminister, Horst Ehmke, der gleichzeitig die Solidarität der europäischen Demokraten beschwor:

> Viele Ausländer sehen den Terrorismus in der Kontinuität eines deutschen Irrationalismus, sozusagen von Nietzsche bis Heidegger, von Hitler bis zu den Terroristen. Am Kölner Terroranschlag hat draußen vor allem die Mischung von Brutalität und Präzision erschreckt. Mancher draußen – Herr Strauß hat es in München auch schon angesprochen – sieht daher eine deutsche Krankheit sich ausbreiten. Ich bin dagegen mit einem so kühl denkenden und sensiblen Kopf wie François Mitterand der Meinung, dass es sich um eine Krankheit unserer gesamten Zivilisation handelt – der Terror ist heute weltweit –, auch wenn diese Krankheit bei uns gewisse deutsche Züge trägt (zit. n. Bundestagsprotokoll, 05.10.1977: 3495).

Der gesamte grenzüberschreitende Diskurs und Meinungsaustausch vor allem in den 1970er-Jahren war vom Bild der Bundesrepublik Deutschland als Nachfolgestaat des Dritten Reiches geprägt. Vor allem in Italien und Frankreich, aber auch in den Niederlanden fanden Vergleiche wie der der Haftbedingungen in Stammheim mit einer KZ-Haft immer wieder mediale Resonanz – und dies auch über das linke Spektrum und seine Subkulturen hinaus. War es in Italien die vertraute Figur des »hässlichen Deutschen«, der unter dem Begriff der *germanizzazione* sein autoritäres Politikmodell dem übrigen Europa aufzwingen wolle (vgl. Terhoeven 2014: 660–663.), so war es in Frankreich die Perzeption eines Deutschlands, das 30 Jahre nach dem Zweiten Weltkrieg noch immer undemokratisch, gefährlich und auf dem Weg zu einem »Polizeistaat« sei. Einen gewissen Höhepunkt bei diesen grenzüberschreitenden und oftmals innenpolitisch motivierten Stimmungskampagnen bildete ein Artikel des französischen Schriftstellers Jean Genet in der Zeitung *Le Monde* vom

2. September 1977: Darin bezeichnete er den Terror der RAF als heroischen Widerstand gegen die »Brutalität« einer »inhumanen Gesellschaft«, als »Stachel im zu fetten Fleisch« der Deutschen (Lammert 2011: 533). Ähnliche Diskussionen gab es auch in den Niederlanden, wo sich ein Solidarisierungsnetzwerk gegen die »Isolationsfolter« entwickelte. Mit der »Rüter-Delegation« begab sich 1974 eine Abordnung niederländischer Juristen, Ärzte und Journalisten nach Deutschland, um die Haftbedingungen des in Hannover inhaftierten niederländischen RAF-Terroristen Ronald Augustin in Augenschein zu nehmen. Nach ihrer Rückkehr kritisierten sie die dortigen Haftbedingungen scharf und forderten eine Untersuchungskommission unter der Aufsicht von *Amnesty International* (Pekelder 2012: 98–101). Einen Höhepunkt erreichte die Debatte, als mit Knut Folkerts, Christof Wackernagel und Gert Schneider seit Ende 1977 drei RAF-Terroristen für kurze Zeit in den Niederlanden und ab 1978 in der Bunderepublik inhaftiert waren. Die Diskussion griff zudem ein tiefsitzendes Unbehagen gegenüber der erstarkenden Macht Westdeutschlands in Europa auf, verbunden mit der Sorge vor einem neuerlichen deutschen »Polizeistaat«, in dem Parallelen zum NS-Staat gesehen wurden (Pekelder 2012: 72 f.).

Gleichzeitig zeigt der niederländische Fall auch, inwieweit die Aktionen der RAF und anschließende Debatten um die Strafverfolgung von Terroristen in einem europäischen Raum wirkten. Die niederländische Regierung hatte zunächst Strafverfolgungswege begangen, die die Vorbeugung terroristischer Straftaten und die gesellschaftliche (Re-)Integration in den Mittelpunkt stellten und sich in liberaler Manier bewusst von der »deutschen Härte« absetzen sollten. Niederländische Fahnder rühmten sich zudem, anders als in Deutschland durch eine Geheimhaltung vereitelter Anschläge die gesellschaftliche Debatte um den Linksterrorismus nicht weiter zu befeuern und so eine *moral panic* zu verhindern. So äußerte sich etwa der frühere Geheimdienstmitarbeiter Frits Hoekstra:

> Eine Veröffentlichung der Pläne unserer Stadtguerillas, die dem Dienst bekannt geworden waren, wie Mordanschläge und Entführungen von Mitgliedern des Königlichen Hauses, hätte auch hier Effekte erzielt, obwohl wahrscheinlich weniger ausgeprägt als bei den östlichen Nachbarn. Geheimhaltung hat jedoch zweifelsohne zu einer ausgewogeneren und nicht von Tagespolitik beeinflussten Bearbeitung des Phänomens beigetragen (zit. n. de Graaf 2008: 44).

7.5 Wie international war die RAF?

Im Herbst 1977 kippte die Stimmung jedoch auch in den Niederlanden merklich, besonders als Knut Folkerts bei seiner Festnahme den Polizisten Arie Kranenburg tödlich verletzte. In der Folge wurde auch in den Niederlanden ein härteres Vorgehen gegen Terroristen gefordert. Fahndungsmaßnahmen wurden hier ebenfalls verstärkt, wobei jedoch eine Verschärfung der Gesetzgebung anders als in Deutschland nur von wenigen gefordert wurde.

Die »Causa Folkerts« sollte dann knapp 30 Jahre nach der Ermordung Kranenburgs noch einmal für deutsch-niederländische Verstimmungen sorgen: Die niederländische Regierung forderte – auch mit Unterstützung von Kranenburgs Witwe – 2005 von Deutschland, dass Folkerts, der bereits 1995 aus der Haft entlassen worden war, die verbliebene, 1977 in Utrecht verhängte Haftstrafe in den Niederlanden antreten solle. Diese Forderung wurde schließlich von einem deutschen Gericht mit einer konstatierten Unverhältnismäßigkeit als unzulässig abgewiesen (Pekelder 2012: 220–223).

Für ihre eigenen Anschläge schienen die internationalen Kooperationen der RAF eher konfliktbehaftet bis hinderlich, doch von der intellektuellen Vernetzung, Solidarisierung und Sympathiebekundung des linken Auslands konnte sie lange Zeit profitieren. Solidaritätskomitees, Vertrauensärzte und unterstützende Juristen, intellektuelle Öffentlichkeit: Im europäischen Ausland fand die RAF sympathisierende Gruppen in unterschiedlichen Lagern, die aufgrund ihrer politischen Einstellung oder aus Argwohn gegenüber dem deutschen Staat bereit waren, sich mit den deutschen Terroristen öffentlich zu solidarisieren. Der Aspekt der internationalen Solidarisierung mag zudem dazu beitragen zu erklären, warum der deutsche Linksterrorismus entgegen seiner tatsächlichen Schlagkraft gegen den deutschen Staat lange eine solch einflussreiche Position, auch in seiner nachträglichen Rezeption, einnehmen konnte. Hier lohnt ein abschließender Blick in die Niederlande: Obwohl das 1978 erbaute Amsterdamer Hochsicherheitsgefängnis Bijlmerbajes abgerissen wurde, lassen sich noch heute an dessen früherer Außenmauer in klarer Anlehnung an die vom RAF-Terror geprägten Debatten um Strafverfolgung und Haftbedingungen folgende Graffitis lesen: »Neu-Stammheim« und »Leve de RAF« (›Es lebe die RAF‹).

7 Linksterrorismus in transnationaler Perspektive

Abb. 9: Verewigung des »Mythos RAF« im europäischen Raum: In Amsterdam erinnert ein von Stammheim inspiriertes Graffiti an den früheren Sitz des Hochsicherheitsgefängnisses Bijlmerbajes.

Neben der Frage, inwieweit der deutsche Linksterrorismus in anderen Ländern rezipiert wurde, sind auch die internationalen Kontakte der RAF noch nicht hinlänglich aufgearbeitet worden. Dass hier noch weitere Forschungen nötig sind, die auch mit einigen etablierten Annahmen zur Geschichte der RAF aufräumen, zeigt ein Aktenfund von Alex Aßmann: In Akten des Bundeskriminalamtes konnte er Hinweise auf eine zwischenzeitliche Verhaftung Gudrun Ensslins in Beirut im Dezember 1971 finden. Die geringe Beachtung dieser Festnahme, noch dazu ein halbes Jahr vor der Mai-Offensive, in der zeitgenössischen Strafverfolgung wie auch der anschließenden historischen Aufarbeitung ist bemerkenswert. Sie verdeutlicht aber auch, so Alex Aßmann, »dass die Gründungsphase der RAF noch viel zu wenig aus einer internationalen Perspektive erforscht wurde« (Aßmann 2023).

8 Ausblick: Was bleibt von der RAF?

»Die Stadtguerilla in Form der RAF ist nun Geschichte.« Mit ihrer Auflösungserklärung bereitete die RAF 1998 selbst ihren Übergang in das Inventar der bundesdeutschen Geschichte und Erinnerung vor. Aber ist dieses Kapitel wirklich zu Ende? Ein medialer Paukenschlag am 27. Februar 2024 erzählt eine andere Geschichte. An diesem Tag überschlugen sich die Medien mit der Meldung, Daniela Klette, mutmaßliches Mitglied der dritten RAF-Generation, sei am Abend zuvor festgenommen worden. In den folgenden Wochen und Monaten hielten Nachrichtenmagazine und Online-Portale jeden einzelnen (teils skurrilen) Aspekt der Fahndung nach Klette und ihren beiden Kombattanten Ernst-Volker Staub und Burkhard Garweg sowie ihrer anschließenden Festnahme fest: Die kleine Sozialwohnung Klettes, in der Munition in Tupperdosen und im Kleiderschrank versteckt gewesen sei, ihre Posts in sozialen Medien zu Urlauben und Tanzkursen, das fast kleinbürgerlich anmutende Leben in der Illegalität mitten in Berlin. Die »RAF-Rentner zwischen Techno und Hundefotos« (*Spiegel Online*, 26.06.2024) boten ein Bild der Profanität, Spießigkeit und prekären Existenz, das mit dem Image der hochprofessionalisierten dritten RAF-Generation wenig gemein zu haben schien. Trotz der Dichte dieser Berichterstattung ist aber augenfällig, dass zur eigentlichen Rolle Klettes und ihrer Mitstreiter in der RAF und ihrer Beteiligung an konkreten Verbrechen bislang keine neuen Erkenntnisse zutage gebracht wurden. Dass Klette zum »Kern der 3. RAF-Generation« gehörte, wie es der Schriftsteller Stefan Schweizer mutmaßte (Schweizer 2018: 11), gilt allerdings als unwahrscheinlich.

Der mediale Wirbel um Daniela Klette verdeutlicht den Wunsch nach Klärung, der dem Thema RAF weiterhin entgegengebracht wird. Die »noch immer anhaltende Irritationskraft« der RAF (Kraushaar 2017: 7) füllt Regalreihen an wissenschaftlichen und populären Büchern, die das Phänomen zu ergründen suchen. Ebenso arbeiten sich Kunst, Medien und Kultur weiter an dem »Trauma RAF« (Bräunert 2015) ab. Zwei Gründe sind dafür ausschlaggebend: Zum einen besteht weiterhin der Drang nach Aufklärung von bis heute nicht eindeutig geklärten Umständen, etwa zur Zusammensetzung der besagten dritten RAF-Generation. Zum anderen gerät der »Komplex RAF« immer mehr zum historisierten Referenzsystem. Als medien- und erinnerungskulturelles Phänomen wie auch als Bezugspunkt in politischen und gesellschaftlichen Debatten zu gegenwärtigen Erscheinungsformen von Terrorismus hat das Thema RAF in den vergangenen Jahren eine beachtliche Dynamik entwickelt, die in der Hochphase ihres terroristischen Wirkens nicht absehbar war. Oder, wie es Gerd Koenen (2005: 1) zuspitzte: »Die RAF war ein weitgehend selbstreferentielles Projekt, dessen symbolische Bedeutungen schon in den 1970er-Jahren alle realen politischen Bedeutungen weit überstiegen.« Bis heute ist die linksterroristische Gruppe vielen ein Begriff, auch wenn ihre Motivation, Ziele und Angriffspunkte immer mehr zum Gegenstand von zeithistorischen Transferleistungen werden. Gleichzeitig wird in der Auseinandersetzung häufig der »Mythos RAF« fortgeschrieben, der sich auf einen überhöhenden, einseitigen Personenkult gegenüber den Tätern beschränkt und den Opfern des Terrorismus kaum Raum lässt (Terhoeven 2022: 108).

8.1   Die RAF als (pop-)kulturelles Phänomen

Bereits während der aktiven Zeit der RAF begleiteten Kulturschaffende die Debatte um den Linksterrorismus und setzten sich mit den Geschehnissen auseinander. Prominente Beispiele, etwa Heinrich Bölls *Die verlorene Ehre der Katharina Blum* (1974) oder der Film *Deutschland im Herbst* (1978), verdeutlichen, dass es gerade der linken Kulturszene weniger um eine sachliche Auseinandersetzung mit dem Terrorismus und seiner Opfer ging als vielmehr um die Frage nach der Angemessenheit politischen Widerstands durch Gewalt und um die staatliche und gesellschaftliche Reaktion auf die terroristische Gefahr. Die Nähe gerade der ersten RAF-Generation zum kulturschaffenden Milieu Westdeutschlands mag mit dazu beigetragen haben, dass viele filmische und literarische Auseinandersetzungen unter dem unmittelbaren Einfluss der »Sympathisantendebatte« standen und oftmals eine kritische Distanz gegenüber den Mitteln der Terroristen vermissen lassen. Gleichzeitig, so hat es die Kulturwissenschaftlerin Svea Bräunert (2015) herausgearbeitet, widmeten sich viele Arbeiten in der unmittelbaren Zeit nach 1977 der traumatischen Erfahrung terroristischer Bedrohung, indem sie der »Lücke in Wahrnehmung und Erinnerung« mit einem »Überangebot an Bildern, Anekdoten und anderen Versatzstücken« beizukommen suchten (Bräunert 2015: 178). Die terroristischen Akte und staatlichen Gegenmaßnahmen produzierten eine ikonische, teils brutale visuelle Vielfalt, in der auch unter dem Eindruck der Nachrichtensperre ein Bedürfnis nach Gegenöffentlichkeit an Raum gewann. Denn zentrale Bilder wie etwa die der toten Inhaftierten in Stammheim fehlten.

Besonders nach der Auflösung der RAF war es wiederum die Faszination für zu Ikonen stilisierten Täterinnen und Tätern wie Andreas Baader und Gudrun Ensslin, die Stoff für Bonnie-und-Clyde-Geschichten boten. Im Jahr 2000 schwärmte der Dramaturg John von Düffel regelrecht: »[...] Entführung, Flucht, Untergrund – das Land zu RAF-Zeiten war der letzte große Abenteuerspielplatz der deutschen Geschichte« (DIE ZEIT, 07.09.2000). Für ihn stellten die RAF-Terroristen Referenzfolien dar, deren Gewalt als Mittel man nicht teilen, aber deren klare Haltung man heute bewundern würde.

Ähnliches konnte und kann man in der Adaption in Mode und Lifestyle beobachten: Mit Blick auf Modetitel wie »Prada-Meinhof« beobachtete der *Spiegel* schon 2002 eine »assoziativ-zeichenhafte RAF-Mythisierung« und resümierte:

> »Die popästhetische Renaissance der RAF ist offenkundig ein Reflex auf die große gesellschaftliche Leere nach dem Bankrott der geschichtsoptimistischen Utopien und Visionen« (*Spiegel*, 27.02.2002).

Seit geraumer Zeit tauchen RAF-Bilder und -Symbole in Mode und Popkultur in einem Kontext der »öffentlichen Vereinnahmung und tri-

8 Ausblick: Was bleibt von der RAF?

vialen Auswertung der RAF im kommerziellen Lifestyle-Bereich« (Regener 2008: 407) auf – mal provozierend, mal banal und inhaltsleer als RAF-Kitsch, immer aber mit der Gefahr der Verharmlosung des Terrorismus. Mit Blick auf den Film *Der Baader Meinhof Komplex* resümiert Petra Terhoeven:

> Was heute von Baader-Meinhof bleibt, und wofür der Mythos-Begriff eher unpassend erscheint, ist die Faszination für eine im Zeitalter post-ideologischer Unübersichtlichkeit zumindest im Westen ungeheuer fremd anmutende Sicherheit, über absolute Wahrheiten zu verfügen, für die es sich zu töten und zu sterben lohnt« (Terhoeven 2008b).

Tatsächlich bildete der Spielfilm *Der Baader Meinhof Komplex* (2008), der auf dem gleichnamigen Bestseller von Stefan Aust beruht, einen popkulturellen Höhepunkt dieser Faszination für die RAF. Weniger historische Dokumentation als Blockbuster, reiht er vor allem Schießereien und schimpfwortgefüllte Dialoge aneinander, aus denen sich die Zuschauer ihr eigenes Verständnis der Konsequenz hinter der »Propaganda der Tat« zusammensetzen müssen. Die politischen Beweggründe der Beteiligten bleiben im Vergleich zur gewaltgeladenen Bildsprache unterbelichtet.

Entscheidend für das Verständnis des »Mythos RAF« ist die nachträgliche Besetzung von Bildlücken in der RAF-Geschichte durch derartige ästhetisch aufgeladene Adaptionen. Wolfgang Kraushaar hat bereits anlässlich der umstrittenen Berliner RAF-Kunstausstellung, die 2003 noch vor Planungsbeginn nach Protesten von Opferfamilien beim Bundeskanzler von den Kuratoren zurückgenommen werden musste, darauf hingewiesen, wie sehr über diese Bildlücken die RAF im Nachhinein strategisch besetzt und damit ihre Wahrnehmung entscheidend geprägt wurde (Kraushaar 2004). Dass dabei auch historisches Wissen und Fakten über die RAF zugunsten einer mystifizierenden und überformenden Erzählung (etwa der der »Isolationsfolter«) unterschlagen wurden, hat Gerd Koenen ebenfalls im Rahmen der Berliner Ausstellung, die schließlich 2005 im Alleingang des Ausstellungshauses eröffnet wurde, kritisiert: »Die Aura von Geheimnis und Gewalt ist noch stets künstlerisch attraktiver als die profane Realität« (Koenen: 2005: 6). Augenfällig ist zudem, dass für die künstlerische Auseinandersetzung allein die Köpfe der ersten RAF-Generation zu taugen scheinen. Hintergrund mag die enge Verflechtung zwischen der Gründergeneration der RAF und Teilen der bundesdeutschen intellektuellen Elite sein, aber auch der theoretische Anspruch dieser Generation, bewaffnete Pioniere eines sozialrevolutionären Kampfes zu sein, der sich mit künstlerischen Avantgardevorstellungen verknüpfen ließ. Direkte Kontakte zur Künstlerwelt und theoretische Basisarbeit erzeugten so ein »Bedingungsverhältnis« oder eine »Wechselseitigkeit« zwischen Kunst und Terrorismus, die prägend bleiben sollten (Bräunert 2015: 22–29).

Die RAF ist somit über Fragen und Episoden politischer und gesellschaftlicher Uneindeutigkeit zumindest in der Kultur immer mehr zur Bildchiffre verkommen, die Provokation verspricht. Dies zeigt sich auch an jüngeren Adaptionen, etwa am Musikvideo der skandalträchtigen Band »Rammstein« zu ihrem Lied *Deutschland* (2019), in dem sich die Bandmitglieder nicht nur als KZ-Häftlinge und Prohibitionsschläger inszenieren, sondern auch als RAF-Terroristen. Der mediale Verweis auf die RAF taugt auch weiterhin zur popkulturellen Politprovokation: Als der Satiriker Jan Böhmermann im November 2022 mit einem Aufruf zur Verfolgung der »Lindner-Lehfeldt-Bande« (benannt nach dem Politiker Christian Lindner und seiner Frau, der Journalistin Franca Lehfeldt) prominente Kritiker der Protestaktionen der »Letzten Generation« vorführte, tat er dies mit Fahndungsplakaten im Stil der RAF-Konterfeis. Gleichzeitig verdeutlicht Böhmermanns Aktion, wie wirkmächtig weiterhin die Bilder der RAF-Ära sind. Für viele gehören die Fahndungsplakate zum Inventar zumindest der westdeutschen Geschichte und Erinnerungskultur.

8.2 Ein Erinnerungsort für die RAF?

Wie geht die Bundesrepublik mit dem Erbe des RAF-Terrorismus um? Gibt es jenseits von einzelnen temporären Ausstellungen eine ›Erinnerungslandschaft‹ zur RAF, die eine sachliche Auseinandersetzung mit dem Phänomen des Linksterrorismus rund um die RAF ermöglicht? Das

8 Ausblick: Was bleibt von der RAF?

eigens für die RAF-Prozesse errichtete Gebäude in Stuttgart-Stammheim wurde inzwischen rückgebaut. Längere Zeit war in der Diskussion, ob sich dieser Ort als Dokumentations- und Lernzentrum eignet. Inzwischen steht im Mittelpunkt der staatlichen Erinnerungspolitik die 1977 nach Mogadischu entführte Lufthansa-Maschine »Landshut«, die nach ihrer Reparatur bis 1985 im Liniendienst der Lufthansa weiterflog und anschließend für mehrere Fluggesellschaften im Passagier- und Frachtdienst eingesetzt wurde, bis sie 2008 nach 38 Betriebsjahren in Brasilien stillgelegt wurde und zusehends verrottete.

In der Debatte um den Einsatz der »Landshut« als Erinnerungsort in Bildungskontexten wird der Wandel in der erinnerungspolitischen Rezeption dieses Teils deutscher Geschichte deutlich. Anders als noch in früheren Diskussionen um Orte wie Stammheim oder die RAF-Ausstellungen in Berlin und Stuttgart, die sich mit den Vorwürfen auseinandersetzen mussten, zur Mythenbildung beizutragen oder gar als Wallfahrtsstätte für Sympathisanten zu dienen, scheinen sich in die Diskussion um das entführte Flugzeug andere Töne zu mischen. Nun ist von einem vielschichtigen Lernort und der Authentizität von Erinnerungsorten die Rede (Arendes 2022). Zudem macht sich der Einfluss staatlicher Kulturpolitik bemerkbar: Die Rückholung der Maschine aus Brasilien ging auf maßgebliche Bemühungen des damaligen Bundesaußenministers Sigmar Gabriel zurück, die Bundeszentrale für politische Bildung wurde mit der Konzeption des zukünftigen Erinnerungsorts betraut. Dass von der originalen Maschine wenig Authentisches übrig ist und zudem die Gratwanderung einer Thematisierung der Opfer der Flugzeugentführung hin zu der Terrorserie der RAF einiges an Transferleistung abverlangt, wurde bisher in der Diskussion um die zukünftige Museumsgestaltung wenig berücksichtigt. Die Journalistin Gaby Coldewey, die 1977 als Kind mit ihren Eltern an Bord der »Landshut« war, nannte die Rückholaktion des Flugzeugs in einem Interview daher auch »großen Quatsch« und »Effekthascherei« (Coldewey 2020).

In der Tat stellen sich viele Fragen hinsichtlich dieses erinnerungspolitischen Projektes: Warum steht die Maschine in Friedrichshafen und damit an einem Ort, der keinerlei Bezug zur Geschichte der RAF hat? Lassen sich Flugzeug, Ort und Erinnerungsauftrag miteinander verknüpfen? Wird das Projekt einerseits der Authentizitätserwartung des

Publikums gerecht, andererseits aber auch den sehr unterschiedlichen Erinnerungsstrategien von politischen und gesellschaftlichen Interessengruppen sowie der Opfer und deren Angehöriger selbst? Und nicht zuletzt: Lohnt sich der immense, nicht zuletzt auch finanzielle Aufwand, oder wäre nicht doch ein Dokumentationszentrum – an welchem Ort auch immer – angemessener gewesen, zumal die Gefahr droht, dass anhand der Geschichte der »Landshut« zwar der Sieg des Staates über den Terrorismus thematisiert wird, nicht aber die gesamte Breite der Geschichte der RAF über drei Generationen hinweg sowie vor allem auch die Fehler und Skandale von Politik und Justiz?

Insgesamt kann festgestellt werden: Die deutsche Öffentlichkeit tut sich noch immer schwer mit einer erinnerungspolitischen Einordnung des RAF-Terrorismus – nicht zuletzt auch, weil sich einige der Terroristen heute selbst noch an der Narrativbildung beteiligen. Umgekehrt ist auch die bisweilen fehlende Distanz der Medien fragwürdig, etwa als 1992 der Moderator der Talkshow *0137*, Roger Willemsen, in eine Strafanstalt zu verurteilten Terroristen (Karl-Heinz Dellwo, Lutz Taufer und Knut Folkerts) ging, um in einem langen Interview ihre Version der Haftbedingungen für das deutsche Fernsehen aufzunehmen. Auch als im Jahr 2007 Michael Buback, der Sohn des von der RAF ermordeten Siegfried Buback, und das ehemalige RAF-Mitglied Peter-Jürgen Boock im Fernsehen über die Konsequenzen terroristischer Gewalttaten diskutierten, fragte sich mancher Beobachter, ob solche Szenarien im Kontext anderer Formen der politisch motivierten Gewalt möglich wären. Beide Fälle aber zeigen die Besonderheiten der medialen und erinnerungspolitischen Auseinandersetzung mit der RAF.

8.3 Die RAF als Referenzrahmen für »alten« und »neuen« Terrorismus

Als im November 2011 die Morde des sogenannten »Nationalsozialistischen Untergrunds« (NSU) bekannt wurden, hatte dies grundlegenden Einfluss auf mehrere Debatten. Zum einen bewirkte die Offenlegung des rechtextremistischen Terrornetzwerks eine Hinwendung zum Rechtsterrorismus als Forschungsgegenstand, der bis dato ein Nischendasein gefristet hatte. Nicht ohne Grund findet sich in jüngeren Veröffentlichungen häufig der Vorwurf der einseitigen Fokussierung. In ihrem 2023 erschienen Sammelband zum Rechtsterrorismus in der Bundesrepublik kritisieren Henrik Puls und Fabian Virchow frühere Darstellungen zum Phänomen Terrorismus in den 1970er- und 1980er-Jahren, die sich bei näherer Betrachtung als ausschließliche Darstellungen des Linksterrorismus entpuppen (Puls/Virchow 2023: 13). Aber auch auf die Geschichtsschreibung zur RAF hat diese vonseiten der Rechtsextremismusforschung geäußerte Kritik einen gewissen Korrektiveffekt: Während die Bedeutung des Linksterrorismus für die bundesdeutsche Geschichte nicht negiert wird, wird dem Phänomen RAF nun das Phänomen rechter Wehrsportgruppen oder Terrorzellen an die Seite gestellt. Häufig wurde diese Perspektiverweiterung auch durch einen rückschauenden Vergleich ermöglicht. So finden sich nun in Veröffentlichungen zum Rechtsterrorismus O-Töne der damaligen Terroristen, die ›das rote Vorbild‹ RAF für seine Schlagkraft bewunderten (Sundermeyer 2012: 21). Jüngere Veröffentlichungen widmeten sich daneben den bereits angesprochenen zeitgenössischen Verflechtungslinien zwischen rechten und linken Terrorgruppen, die häufig über den Nahen Osten führten. In Einzelfällen, z. B. der »Hepp-Kexel-Gruppe«, einem Netzwerk militanter Rechtsradikaler teils aus dem Umfeld der NPD, die zu antiimperialistisch argumentierenden Rechtsterroristen wurden, mündeten diese Verflechtungen und Bezugnahmen sogar in dem Versuch gemeinsamer Programmatik und Agitation in einer »antiimperialistischen Querfront« (Wolff 2023: 150). Zwar ist eine solche Verschränkung über ideologische Gegensätze hinweg nie zustande gekommen, doch dieser Vorstoß rechtsterroristischer Gruppen verweist

8.3 Die RAF als Referenzrahmen für »alten« und »neuen« Terrorismus

darauf, wie sehr jene die Wirksamkeit des RAF-Terrors bewunderten. Zudem macht Darius Muschiol deutlich, dass rechtsextreme und rechtsterroristische Gruppen die von der RAF betriebenen Angriffe auf den Rechtsstaat begrüßten oder für ihre Zwecke instrumentalisierten (Muschiol 2024). Dieser Blick auf gemeinsame Programmatiken eröffnet wichtige Anknüpfungspunkte für zukünftige Forschungen zur Definition von Extremismus und Terrorismus jenseits von Links-Rechts-Schemata.

Von einem solchen Forschungsansatz würden nicht zuletzt auch Sicherheits- und Strafverfolgungsbehörden profitieren. Die zeitgenössische Fixierung der bundesrepublikanischen Behörden auf linksterroristische Phänomene und die damit verbundene »falsche Parallelisierung« (Geck 2019: 41) von Links- und Rechtsterrorismus verhinderten lange Zeit geeignete Maßnahmen und Strategien zur Bekämpfung von letzterem. Über viele Jahrzehnte hinweg galten rechtsextreme Terroristen meist als (teils vermeintlich »verwirrte«) Einzeltäter – vom Oktoberfest-Attentat 1980 über den Anschlag am Olympia-Einkaufszentrum in München im Juli 2016 bis hin zur Ermordung des Kasseler Regierungspräsidenten Walter Lübcke im Juni 2019, um nur wenige Beispiele zu nennen. Warum also wurde angesichts einer stetig steigenden Zahl gewaltbereiter Rechtsextremer und zahlreicher rechtsextremistisch motivierter Verbrechen über viele Jahre hinweg nicht genauer auf rechtsextremistische Netzwerke geschaut? Wäre es nicht schon in den 1980er-Jahren angemessen gewesen, gegenüber dem Rechtsterrorismus die gleiche staatliche und gesellschaftliche Kraftanstrengung zu betreiben wie in den 1970er-Jahren gegen den Terror der RAF? Nicht zuletzt wird die jüngere Debatte zum Rechtsterrorismus auch durch die Frage vorangetrieben, ob es im Vergleich zur RAF an einer gesellschaftlichen Aufarbeitung und Erinnerung an den bundesdeutschen Rechtsterrorismus fehlt, etwa in Form von Gedenk- und Lernorten.

Das Beispiel der Aufarbeitungswelle nach der Selbstenttarnung des sogenannten NSU zeigt, dass sich die Diskussion um Terrorismus in Deutschland in vielen Fällen auf die RAF als eine »Art Referenzsystem« (Kraushaar 2017) bezieht. Dies geschah auf ähnliche Weise nach den Anschlägen auf das World Trade Center am 11. September 2001, als zahlreiche Veröffentlichungen die islamistischen Taten in Bezug zu den Erfahrungen des deutschen Linksterrorismus setzten. Der Historiker

8 Ausblick: Was bleibt von der RAF?

Hanno Balz hat dabei zwei Muster der Bezugnahme herausgearbeitet: Zum einen hätten die Anschläge auf das World Trade Center zu einer »Provinzialisierung« des deutschen Terrorismus geführt, weil der im Vergleich zum globalen islamistischen Terror eine geringere Stoßkraft gehabt und weniger Opfer gefordert habe. Zum anderen präsentierten sich in Folge von »9/11« einige deutsche Stimmen als vertraut mit dem (internationalen) Phänomen Terrorismus und konnten Erfahrung und Wissen in der Terrorbekämpfung einbringen (Balz 2022: 372). Beide Debatten um Rechtsterrorismus und islamischen Terrorismus zeigen, so Balz, dass die RAF regelmäßig herangezogen wird, um andere Terrorismusphänomene »handhabbar zu machen und sie in einem Schema zu verorten, das an Bekanntes anknüpft, ihnen damit allerdings eine Definität zuweist, die nicht auf Erklärungen angewiesen ist, sondern auf Feststellungen und historische Verweise« (Balz 2022: 368).

Mit der Zuspitzung zum »Mythos RAF« ging gerade in der medialen Debatte eine Verzerrung und Eindimensionalisierung des Phänomens Terrorismus einher. Auch in jüngeren Auseinandersetzungen um linksradikale Strömungen innerhalb der Klimaschutzbewegung wird gerne von einer »Öko-RAF« oder »Klima-RAF« gesprochen. Solche Bilder, die gewiss auch für die nötige mediale Aufmerksamkeit sorgen, werden teils von den Aktivisten selbst bedient: So sagte der Klimaaktivist Tadzio Müller in einem Interview: »Wer Klimaschutz verhindert, schafft die grüne RAF« (*Spiegel*, 21.11.2021).

Als Fazit bleibt: Die Geschichte der RAF ist längst nicht vorbei, auch wenn sich die Terrorgruppe vor mehr als zwei Jahrzehnten aufgelöst hat. Jenseits von Medialisierung und Mythenbildung bleiben auch für die zeithistorische Forschung zahlreiche Fragen offen, nicht zuletzt vor dem Hintergrund der transnationalen Dynamik des Linksterrorismus zwischen den 1960er- und 1990er-Jahren. Vor allem zeigt sich aber, dass der Terror der RAF noch immer ein historisch und politisch wirksamer Referenzrahmen ist. Die RAF ist die historische Folie, vor deren Hintergrund der Terror jedweder Spielart in der Bundesrepublik gedeutet wird.

Literatur

Analysen zum Terrorismus (1981–1984), hrsg. vom Bundesministerium des Innern, 4 Bde., Opladen.

Arendes, Cord (2022): Ein Flugzeug mit Symbolcharakter. Geschichts- und erinnerungskulturelle Dimensionen des Dokumentations- und Bildungszentrums »Landshut«, in: bpb online, 22.02.2022, www.bpb.de/themen/zeit-kulturgeschichte/lernort-landshut/505462/ein-flugzeug-mit-symbolcharakter [05.01.2024].

Aßmann, Alex (2023): »Gudrun Ensslin ist in Beirut verhaftet worden«. Über einen Aktenfund und einige Fragen, die er aufwirft, in: Zeitgeschichte-online, 08.09.2023, https://zeitgeschichte-online.de/kommentar/gudrun-ensslin-ist-beirut-verhaftet-worden [13.08.2024].

Aust, Stefan (2010): Der Baader-Meinhof-Komplex. erw. Neuausg., Hamburg.

Backes, Uwe (1993): Bundesrepublik Deutschland: »Wir wollten alles und gleichzeitig nichts«, in: Peter Waldmann (Hrsg.): Beruf: Terrorist. Lebensläufe im Untergrund, München, 143–179.

Balz Hanno (2006): Der »Sympathisanten«-Diskurs im Deutschen Herbst, in: Klaus Weinhauer/Jörg Requate (Hrsg.): Terrorismus in der Bundesrepublik. Medien, Staat und Subkulturen in den 1970er Jahren, Frankfurt/M., 320–350.

Balz Hanno (2008): Von Terroristen, Sympathisanten und dem starken Staat. Die öffentliche Debatte über die RAF in den 1970er-Jahren, Frankfurt/M.

Balz, Hanno (2022): Der lange Schatten der RAF. Wie alte Erklärungsmuster die Diskussionen um den heutigen Terrorismus prägen, in: Jana Kärgel (Hrsg.): Terrorismus im 21. Jahrhundert. Perspektiven. Kontroversen. Blinde Flecken, Bonn, 362–377.

Bandhauer-Schöffmann, Irene/Laak, Dirk van (Hrsg.) (2013): Der Linksterrorismus der 1970er-Jahre und die Ordnung der Geschlechter, Trier.

Baumann, Cordia (2012): Mythos RAF. Literarische und filmische Mythentradierung von Bölls »Katharina Blum« bis zum »Baader Meinhof Komplex«, Paderborn.

Beckenbach, Niels (2005): Der lange Marsch in die Destruktivität. Die Geburt der RAF aus dem Wahn, in: Ders. (Hrsg.): Wege zur Bürgergesellschaft. Gewalt und Zivilisation in Deutschland Mitte des 20. Jahrhunderts, Berlin, 235–264.

Literatur

Becker, Jillian (1978): Hitlers Kinder: Der Baader-Meinhof-Terrorismus, Frankfurt/M.

Bergstermann, Sabine (2016): Stammheim. Eine moderne Haftanstalt als Ort der Auseinandersetzung zwischen Staat und RAF, Berlin.

Binder, Sepp (1978): Terrorismus. Herausforderung und Antwort, Bonn.

Böllinger, Lorenz (2002): Die Entwicklung zu terroristischem Handeln als psychosozialer Prozess, in: Kriminologisches Journal 34, 116 123.

Bräunert, Svea (2015): Gespenstergeschichten. Der linke Terrorismus der RAF und die Künste, Berlin.

Brosig, Jonas/Borgstedt, Angela (Hrsg.) (2025): »Linksanwälte«. Aspekte der Strafverteidigung im roten Jahrzehnt, Baden-Baden.

Brückner, Peter (1995): Ulrike Marie Meinhof und die deutschen Verhältnisse. Mit Texten von Ulrike Marie Meinhof und einem Nachwort zur Neuausgabe von Klaus Wagenbach, Berlin.

Bull, Hans Peter (1984): Politik der »inneren Sicherheit« vor einem mißtrauisch gewordenen Publikum, in: Leviathan 12, 155–175.

Bundeszentrale für politische Bildung (Hrsg.) (1979): Freiheit und Sicherheit. Die Demokratie wehrt sich gegen den Terrorismus, Bonn.

Coldewey, Gaby (2020): Die Landshut in Deutschland – ein Erinnerungsort? Zeitzeugeninterview vom 17.01.2020, in: Zeitzeugenportal, http://www.zeitzeugen-portal.de/themen/soziale-bewegungen-protest-und-subkultur/videos/5VqMz8wucfM [24.07.2024].

Colin, Nicole/Graaf, Beatrice de/Pekelder, Jacco/Umlauf, Joachim (Hrsg.) (2008): Der »Deutsche Herbst« und die RAF in Politik, Medien und Kunst. Nationale und internationale Perspektiven, Bielefeld.

Daase, Christopher (2006): Die RAF und der internationale Terrorismus. Zur transnationalen Kooperation klandestiner Organisationen, in: Wolfgang Kraushaar (Hrsg.): Die RAF und der linke Terrorismus, Bd. 2, Hamburg, 905–929.

Dahlke, Matthias (2011): Demokratischer Staat und transnationaler Terrorismus. Drei Wege zur Unnachgiebigkeit in Westeuropa 1972–1975, München.

Dahlke, Matthias (2007): »Nur eingeschränkte Krisenbereitschaft«. Die staatliche Reaktion auf die Entführung des CDU-Politikers Peter Lorenz 1975, in: Vierteljahrshefte für Zeitgeschichte 55, 641–678.

Derichs, Claudia (2006): Die Japanische Rote Armee, in: Wolfgang Kraushaar (Hrsg.): Die RAF und der linke Terrorismus, Bd. 2, Hamburg, 809–827.

Diewald-Kerkmann, Gisela (2009): Frauen, Terrorismus und Justiz. Prozesse gegen weibliche Mitglieder der RAF und der Bewegung 2. Juni, Düsseldorf.

Diewald-Kerkmann, Gisela (2012a): Die RAF und die Bewegung 2. Juni: Die Beziehung von Gewaltgruppen und radikalem Milieu im Vergleich, in: Stefan Malthaner/Peter Waldmann (Hrsg.): Radikale Milieus. Das soziale Umfeld terroristischer Gruppen, Frankfurt/M., 121–142.

Diewald-Kerkmann, Gisela (2012b): Ausstiegs- und Befriedungsstrategien am Beispiel des bundesdeutschen Linksterrorismus, in: Klaus Weinhauer/Jörg Requate (Hrsg.): Gewalt ohne Ausweg? Terrorismus als Kommunikationsprozess in Europa seit dem 19. Jahrhundert, Frankfurt/M., 223–240.

Diewald-Kerkmann, Gisela (2013): Zwischen den Fronten. Verteidiger, Richter und Bundesanwälte im Spannungsfeld von Justiz, Politik, APO und RAF. Gespräche, Berlin.

Diewald-Kerkmann, Gisela (2015): Justiz gegen Terrorismus. »Terroristenprozesse« in der Bundesrepublik, Italien und Großbritannien, in: Johannes Hürter (Hrsg.): Terrorismusbekämpfung in Westeuropa. Demokratie und Sicherheit in den 1970er und 1980er Jahren, Berlin, 35–61.

Ditfurth, Jutta (2007): Ulrike Meinhof. Die Biographie, Berlin.

Doering-Manteuffel, Anselm/Raphael, Lutz (2012): Nach dem Boom. Perspektiven auf die Zeitgeschichte seit 1970, 3. Aufl., Göttingen.

Elias, Norbert (1989): Studien über die Deutschen. Machtkämpfe und Habitusentwicklung im 19. und 20. Jahrhundert, Frankfurt/M.

Elter, Andreas (2015): Propaganda der Tat. Die RAF und die Medien, 2. Aufl., Frankfurt/M.

Emcke, Carolin (2016): Stumme Gewalt. Nachdenken über die RAF, Frankfurt/M.

Fetscher, Iring (1977): Terrorismus und Reaktion, Frankfurt/M.

Frech, Siegfried (2023): Terrorismus. Im Fadenkreuz politischer Gewalt, Stuttgart.

Gallus, Alexander (Hrsg.) (2016): Meinhof, Mahler, Ensslin. Die Akten der Studienstiftung des deutschen Volkes, Göttingen.

Geck, Lukas (2019): Verdrängte Vergangenheit: Verfassungsschutz und rechter Terror in den 1970er und 1980er Jahren in der BRD, in: Wissen schafft Demokratie, Open Access Schriftenreihe des Instituts für Demokratie und Zivilgesellschaft 6 (2019), 40–49, http://www.idz-jena.de/fileadmin/user_upload/PDFS_WsD6/03_Geck.pdf [13.08.2024]).

Geißler, Heiner (Hrsg.) (1978): Der Weg in die Gewalt. Geistige und gesellschaftliche Ursachen des Terrorismus und seine Folgen, München.

Glaab, Sonja (2007): Medien und Terrorismus – Auf den Spuren einer symbiotischen Beziehung, Berlin.

Gleichauf, Ingeborg (2017): Poesie und Gewalt. Das Leben der Gudrun Ensslin, Stuttgart.

Gleichauf, Ingeborg (2024): Wem die Fragen nicht brennen. Das Leben der Gudrun Ensslin, Berlin.

Graaf, Beatrice de (2012): Terroristen vor Gericht: Terrorismusprozesse als kommunikative Fortsetzung des Kampfes um Recht und Gerechtigkeit, in: Klaus Weinhauer/Jörg Requate (Hrsg.): Gewalt ohne Ausweg? Terrorismus als Kommunikationsprozess in Europa seit dem 19. Jahrhundert, Frankfurt/M., 281–298.

Graaf, Beatrice de (2015): Terrorismus als performativer Akt. Die Bundesrepublik, Italien und die Niederlande im Vergleich, in: Johannes Hürter (Hrsg.): Terrorismusbekämpfung in Westeuropa – Demokratie und Sicherheit in den 1970er Jahren, Berlin, 93–115.

Grützbach, Frank (1972): Heinrich Böll: Freies Geleit für Ulrike Meinhof. Ein Artikel und seine Folgen, Köln.

Gursch, Philip (2008): Revolution als Tradition: Die *Action Directe* in Frankreich, in: Alexander Straßner (Hrsg.): Sozialrevolutionärer Terrorismus: Theorie, Ideologie, Fallbeispiele, Zukunftsszenarien, Wiesbaden, 177–188.

Hachmeister, Lutz (2007): Schleyer. Eine deutsche Geschichte, München.

Hakemi, Sara/Hecken, Thomas (2010): Ulrike Meinhof. Leben – Werk – Wirkung, Berlin.

Haus der Geschichte Baden-Württemberg (Hrsg.) (2013): RAF – Terror im Südwesten. Katalog zur Ausstellung im Haus der Geschichte Baden-Württemberg, Stuttgart, 14. Juni 2013 bis 23. Februar 2014 (Redaktion: Sabrina Müller), Stuttgart.

Hauser, Dorothea (2006): Deutschland, Italien und Japan. Die ehemaligen Achsenmächte und der Terrorismus der 1970er Jahre, in: Wolfgang Kraushaar (Hrsg.): Die RAF und der linke Terrorismus, Bd. 2, Hamburg, 1272–1298.

Henschen, Jan (2013): Die RAF-Erzählung. Eine mediale Historiographie des Terrorismus, Bielefeld.

Herrmann, Jörg (2006): »Unsere Söhne und Töchter«. Protestantismus und RAF-Terrorismus in den 1970er Jahren, in: Wolfgang Kraushaar (Hrsg.): Die RAF und der linke Terrorismus, Bd. 1, Hamburg, 644–656.

Moerings, Martin/Paas, Dieter/Scheerer, Sebastian/Steinert, Heinz/Hess, Henner (1988): Angriff auf das Herz des Staates. Soziale Entwicklung und Terrorismus, 2 Bde., Frankfurt/M.

Hof, Tobias (2010a): Anti-Terrorismus-Politik in Italien 1969–1982, in: Johannes Hürter/Gian Enrico Rusconi (Hrsg.): Die bleiernen Jahre. Staat und Terrorismus in der Bundesrepublik Deutschland und Italien 1969–1982, München, 21–29.

Hof, Tobias (2010b): Der Prozess gegen den »historischen Kern« der Brigate Rosse in Turin; in: Johannes Hürter/Gian Enrico Rusconi (Hrsg.): Die bleiernen Jahre. Staat und Terrorismus in der Bundesrepublik Deutschland und Italien 1969–1982, München, 63–72.

Hof, Tobias (2011): Staat und Terrorismus in Italien 1969–1982, München.

Hof, Tobias (2015): Anti-Terrorismus-Gesetze und Sicherheitskräfte in der Bundesrepublik Deutschland, Großbritannien und Italien in den 1970er und 1980er Jahren, in: Johannes Hürter (Hrsg.): Terrorismusbekämpfung in Westeuropa. Demokratie und Sicherheit in den 1970er und 1980er Jahren, Berlin, 7–34.

Hof, Tobias (2022): Die Geschichte des Terrorismus. Von der Antike bis zur Gegenwart, München.

Holderberg, Angelika (Hrsg.) (2007): Nach dem bewaffneten Kampf. Ehemalige Mitglieder der RAF und Bewegung 2. Juni sprechen mit Therapeuten über ihre Vergangenheit, 2. Aufl., Gießen.

Hürter, Johannes/Rusconi, Gian Enrico (Hrsg.) (2010a): Die bleiernen Jahre. Staat und Terrorismus in der Bundesrepublik Deutschland und Italien 1969–1982, München.

Hürter, Johannes (2010b): Rekruten für die »Stadtguerilla«. Die Suche der RAF nach einer personellen Basis, in: Rüdiger Bergien/Ralf Pröve (Hrsg.): Spießer, Patrioten, Revolutionäre. Militärische Mobilisierung und gesellschaftliche Ordnung in der Neuzeit, Göttingen, 305–322.

Hürter, Johannes (2012): Sicherheit, Recht und Freiheit. Zum Balanceakt der bundesdeutschen Anti-Terrorismus-Politik in den 1970er Jahren, in: Martin Löhnig/Mareike Preisner/Thomas Schlemmer (Hrsg.): Reform und Revolte. Eine Rechtsgeschichte der 1960er und 1970er Jahre, Tübingen, 267–278.

Hürter, Johannes (Hrsg.) (2015a): Terrorismusbekämpfung in Westeuropa. Demokratie und Sicherheit in den 1970er und 1980er Jahren, Berlin.

Hürter, Johannes (2015b): Regieren gegen Terrorismus. Die Beispiele Westminster, Bonn und Rom in den 1970er Jahren, in: Ders. (Hrsg.) (2015): Terrorismusbekämpfung in Westeuropa. Demokratie und Sicherheit in den 1970er und 1980er Jahren, Berlin, 63–80.

Husmann, Dagmar (2015): Schon bist du ein Sympathisant. Die rechtlichen und außerrechtlichen Wirkungen eines Wortgebrauchs im Spiegel der Literatur, Berlin.

Jander, Martin (2006): Differenzen im antiimperialistischen Kampf. Zu den Verbindungen des Ministeriums für Staatssicherheit mit der RAF und dem bundesdeutschen Linksterrorismus, in: Wolfgang Kraushaar (Hrsg.): Die RAF und der linke Terrorismus, Bd. 1, Hamburg, 696–713.

Jensen, Uffa (2022): Ein antisemitischer Doppelmord. Die vergessene Geschichte des Rechtsterrorismus in der Bundesrepublik, Berlin.

Jeßberger, Florian/Schuchmann, Inga (Hrsg.) (2021): Die Stammheim-Protokolle. Der Prozess gegen die erste RAF-Generation, Berlin.

Kaltenbrunner, Gerd-Klaus (Hrsg.) (1978): Wiederkehr der Wölfe. Die Progression des Terrors, Freiburg/Br.

Kellerhoff, Sven Felix (2020): Eine kurze Geschichte der RAF, Stuttgart.

Kellerhoff, Sven Felix (2025): Der Stammheim-Prozess. Die RAF und das Baader-Meinhof-Verfahren 1975 bis 1977, Freiburg i. Br.

Knoch, Habbo (Hrsg.) (2007): Bürgersinn mit Weltgefühl. Politische Moral und solidarischer Protest in den sechziger und siebziger Jahren, Göttingen.

Koenen, Gerd (2002): Das rote Jahrzehnt. Unsere kleine deutsche Kulturrevolution 1967–1977.

Koenen, Gerd (2004): Vesper, Ensslin, Baader. Urszenen des deutschen Terrorismus, 4. Aufl., Köln.

Koenen, Gerd (2005): Black Box RAF, in: Zeitgeschichte-online, 01.02.2005, https://zeitgeschichte-online.de/themen/black-box-raf [26.07.2024].

Kraushaar, Wolfgang (2004): Zwischen Popkultur, Politik und Zeitgeschichte. Von der Schwierigkeit, die RAF zu historisieren, in: Zeithistorische Forschungen/

Studies in Contemporary History 1/2 (2004), https://zeithistorische-forschungen. de/2-2004/4568 [13.08.2024].

Kraushaar, Wolfgang u. a. (2005): Rudi Dutschke, Andreas Baader und die RAF, Hamburg.

Kraushaar, Wolfgang (Hrsg.) (2006a): Die RAF und der linke Terrorismus, 2 Bde., Hamburg.

Kraushaar, Wolfgang (2006b): Der nicht erklärte Ausnahmezustand. Staatliches Handeln während des sogenannten Deutschen Herbstes, in: Ders. (Hrsg.): Die RAF und der linke Terrorismus, Bd. 2, Hamburg, 1011–1025.

Kraushaar, Wolfgang (Hrsg.) (2008a): Die RAF. Entmythologisierung einer terroristischen Organisation, Bonn.

Kraushaar, Wolfgang (2008b): Achtundsechzig. Eine Bilanz, Berlin.

Kraushaar, Wolfgang (2017): Die blinden Flecken der RAF, Stuttgart.

Kraushaar, Wolfgang (2018): Die blinden Flecken der 68er-Bewegung, Stuttgart.

Kreissl, Reinhard (1983): Die Studien zum Terrorismus, in: Kritische Justiz 16, 311–324.

Lammert, Markus (2011): Die französische Linke, der Terrorismus und der »repressive Staat« in der Bundesrepublik in den 1970er Jahren, in: Vierteljahrshefte für Zeitgeschichte 59, 533–560.

Laqueur, Walter (1977): Terrorismus, Kronberg/Ts.

Lehmann, Helge (2019): Die Todesnacht in Stammheim. Eine Untersuchung. Indizienprozess gegen die staatliche Darstellung und das Todesermittlungsverfahren, 3. Aufl., Norderstedt.

Lemler, Kai (2008): Die Entwicklung der RAF im Kontext des internationalen Terrorismus, Bonn.

Lenk, Kevin (2024): Tod und Gemeinschaft. Die politische Instrumentalisierung der Toten des deutschen Linksterrorismus 1971–1977, Berlin/Boston.

Lucchesi, Rossana (2013): RAF und Rote Brigaden – Deutschland und Italien von 1970 bis 1985, Berlin.

Lütnant, Christian (2014): »Im Kopf der Bestie«. Die RAF und ihr internationalistisches Selbstverständnis, Marburg.

Maier-Witt, Silke, mit Groenewoud, André (2025): Ich dachte, bis dahin bin ich tot. Meine Zeit als RAF-Terroristin und mein Leben danach, Köln.

März, Michael (2012): Linker Protest nach dem Deutschen Herbst. Eine Geschichte des linken Spektrums im Schatten des »starken Staates« 1977–1979, Bielefeld.

Marcuse, Herbert (1967): Ziele, Formen und Aussichten der Studentenopposition, in: Das Argument 45, 398–408.

Marcuse, Herbert (1968): Repressive Toleranz, in: Robert Paul Wolff/Barrington Moore/Herbert Marcuse (Hg.): Kritik der reinen Toleranz, Frankfurt/M., 92–128.

Marighella, Carlos (1970): Minihandbuch des Stadtguerilleros, in: Sozialistische Politik 2/6–7, 143–166.

Martens, Janneke (2008): »Polizei und Justiz drehen völlig durch.« Die Rote Armee Fraktion in den niederländischen Medien, in: Nicole Colin/Beatrice de Graaf/Jacco Pekelder/Joachim Umlauf (Hrsg.): Der »Deutsche Herbst« und die RAF in Politik, Medien und Kunst. Nationale und internationale Perspektiven, Bielefeld, 91–105.

Metzler, Gabriele (2012): Konfrontation und Kommunikation. Demokratischer Staat und linke Gewalt in der Bundesrepublik und den USA in den 1970er Jahren, in: Vierteljahrshefte für Zeitgeschichte 60, 249–277.

Müller, Sabrina (2015): Terroristische Gewalt und demokratische Gesellschaft – die Rote Armee Fraktion (RAF), in: Philipp Gassert/Reinhold Weber (Hrsg.): Filbinger, Wyhl und die RAF. Die Siebzigerjahre in Baden-Württemberg, Stuttgart, 217–243.

Muschiol, Darius (2024): Einzeltäter? Rechtsterroristische Akteure in der alten Bundesrepublik, Göttingen.

Musolff, Andreas (1995): Die Terrorismus-Diskussion in Deutschland vom Ende der sechziger bis Anfang der siebziger Jahre, in: Georg Stötzel/Martin Wengeler (Hrsg.): Kontroverse Begriffe. Geschichte des öffentlichen Sprachgebrauchs in der Bundesrepublik Deutschland, Berlin, 405–446.

Nehring, Holger (2007): The Era of Non-Violence: »Terrorism« and the Emergence of Conceptions of Non-Violent Statehood in Western Europe, 1967–1983, in: European Review of History 14/3, 343–371.

Oesterle, Kurt (2003): Stammheim. Der Vollzugsbeamte Horst Bubeck und die RAF-Häftlinge, Tübingen.

Osterholzer, Franziska (2012): Änderungen der StPO im Zuge der Terrorismusbekämpfung, in: Martin Löhnig/Mareike Preisner/Thomas Schlemmer (Hrsg.): Reform und Revolte. Eine Rechtsgeschichte der 1960er und 1970er Jahre, Tübingen, 243–265.

Pekelder, Jacco (2009): Dynamiken des Terrorismus in Deutschland und den Niederlanden, in: Geschichte und Gesellschaft 35, 402–428.

Pekelder, Jacco (2012): »Ich liebe Ulrike«. Die R.A.F. und die Niederlande 1970–1980, Münster.

Peters, Butz (1991): RAF. Terrorismus in Deutschland, Stuttgart.

Peters, Butz (2004): Tödlicher Irrtum. Die Geschichte der RAF, Berlin.

Peters, Butz (2017a): 1977. RAF gegen Bundesrepublik, München.

Peters, Butz (2017b): Hundert Tage. Die RAF-Chronik 1977, München.

Pflieger, Klaus (2011): Die Rote Armee Fraktion. 14.5.1970 bis 20.4.1998, 3. Aufl., Baden-Baden.

Pflieger, Klaus (2016): Gegen den Terror. Erinnerungen eines Staatsanwalts, Stuttgart.

Prinz, Alois (2003): Lieber wütend als traurig. Die Lebensgeschichte der Ulrike Meinhof, Weinheim.

Proll, Astrid (2004): Hans und Grete. Bilder der RAF 1967–1977, Berlin.

Pross, Christian (2016): »Wir wollten ins Verderben rennen«. Die Geschichte des Sozialistischen Patientenkollektivs Heidelberg, Köln.

Hendrik Puls/Fabian Virchow (2023): Zur Einführung, in: Dies. (Hrsg.): Rechtsterrorismus in der alten Bundesrepublik. Historische und sozialwissenschaftliche Perspektiven, Wiesbaden, 1–22.

Reemtsma, Jan Philipp (2015): Gewalt als attraktive Lebensform betrachtet. Ein Abschiedsvortrag für das Hamburger Institut für Sozialforschung, in: Mittelweg 36, 4–16.

Regener, Susanne (2008): »Anarchistische Gewalttäter«. Zur Mediengeschichte der RAF-Plakate, in: Gerhard Paul (Hrsg.): Das Jahrhundert der Bilder, Bd. 2: 1949 bis heute, Göttingen, 402–409.

Reichardt, Sven (2014): Authentizität und Gemeinschaft. Linksalternatives Leben in den siebziger und achtziger Jahren, Berlin.

Richter, Maren (2014): Leben im Ausnahmezustand. Terrorismus und Personenschutz in der Bundesrepublik Deutschland (1970–1993), Frankfurt/M.

Riederer, Christoph (2014): Die RAF und die Folterdebatte der 1970er Jahre, Wiesbaden.

Riederer, Günther (2013): Sartre in Stammheim, Marbach a. N.

Riegler, Thomas (2012): Das »Spinnennetz« des internationalen Terrorismus. Der »Schwarze September« und die gescheiterte Geiselnahme von Schönau 1973, in: Vierteljahrshefte für Zeitgeschichte 60, 579–601.

Röhl, Bettina (2018): »Die RAF hat Euch lieb«. Die Bundesrepublik im Rausch von 68. Eine Familie im Zentrum der Bewegung, München.

Hoffmann, Martin (Bearb.) (1997): Rote Armee Fraktion. Texte und Materialien zur Geschichte der RAF, Berlin, http://www.nadir.org/nadir/archiv/PolitischeStroemungen/Stadtguerilla+RAF/RAF/raf-texte+materialien.PDF [13.08.2024].

Saupe, Andreas (2015): »Innere Sicherheit« und »Law and Order«: die politische Semantik von Ordnung, Sicherheit und Freiheit in der bundesrepublikanischen Innenpolitik, in: Johannes Hürter (Hrsg.): Terrorismusbekämpfung in Westeuropa. Demokratie und Sicherheit in den 1970er und 1980er Jahren, Berlin, 171–200.

Scheiper, Stephan (2010): Innere Sicherheit. Politische Anti-Terror-Konzepte in der Bundesrepublik Deutschland während der 1970er Jahre, Paderborn.

Schildt, Axel (2004): »Die Kräfte der Gegenreform sind auf breiter Front angetreten«. Zur konservativen Tendenzwende in den Siebzigerjahren, in: Archiv für Sozialgeschichte 44, 449–478.

Schraut, Sylvia (2011): Terrorismus und Geschichtswissenschaft, in: Alexander Spencer/Alexander Kocks/Kai Harbrich (Hrsg.): Terrorismusforschung in Deutschland. Sonderheft 1 der Zeitschrift für Außen- und Sicherheitspolitik, S. 99–122.

Schraut, Sylvia (2018): Terrorismus und politische Gewalt, Göttingen.

Schulz, Jan-Hendrik (2019): Unbeugsam hinter Gittern. Die Hungerstreiks der RAF nach dem Deutschen Herbst, Frankfurt/M.

Schwarzer, Alice (1981): So fing es an. 10 Jahre Frauenbewegung. Ein EMMA-Buch, Köln.

Schweizer, Stefan (2018): RAF 3.0+: Zerfall – Auflösung – Überfälle (1992–2017), Waiblingen.

Sedlmaier, Alexander (2018): Konsum und Gewalt. Radikaler Protest in der Bundesrepublik, Berlin.

Seifert, Jürgen (2006): Ulrike Meinhof, in: Wolfgang Kraushaar (Hrsg.): Die RAF und der linke Terrorismus, Bd. 1, Hamburg, 350–371.

Siemens, Anne (2007): Für die RAF war er das System, für mich der Vater. Die andere Geschichte des deutschen Terrorismus, München.

Sontheimer, Kurt (1979): Die verunsicherte Republik. Die Bundesrepublik nach 30 Jahren, München.

Sontheimer, Michael (2011): »Natürlich kann geschossen werden«. Eine kurze Geschichte der Roten Armee Fraktion, München.

Spiller, Stefan (2006): Der Sympathisant als Staatsfeind. Die Mescalero-Affäre, in: Wolfgang Kraushaar (Hrsg.): Die RAF und der linke Terrorismus, Bd. 2, Hamburg, 1227–1259.

Steinseifer, Martin (2012): Die RAF als Medienereignis – visuelle und sprachliche Inszenierungen, in: Heidrun Kämper/Joachim Scharloth/Martin Wengeler (Hrsg.): 1968. Eine sprachwissenschaftliche Zwischenbilanz, Berlin, 375–397.

Straßner, Alexander (2003): Die dritte Generation der RAF. Entstehung, Struktur, Funktionslogik und Zerfall einer terroristischen Organisation, Wiesbaden.

Streithofen, H. B. (Hrsg.) (1978): Briefe an die Familie Schleyer. Bekenntnis und Verpflichtung, Stuttgart.

Stuberger, Ulf G. (2008): Die Akte RAF. Taten und Motive, Täter und Opfer, München.

Sundermeyer, Olaf (2012): Rechter Terror in Deutschland. Eine Geschichte der Gewalt, München.

Terhoeven, Petra (2008a): »Der Tod und das Mädchen«. Linksterroristinnen im Visier der italienischen und deutschen Öffentlichkeit, in: Ute Schneider/Lutz Raphael/Sonja Hillerich (Hrsg.): Dimensionen der Moderne, Frankfurt/M., 437–458.

Terhoeven, Petra (2008b): »Wie es eigentlich gewesen«: Uli Edels Spielfilm »Der Baader-Meinhof Komplex«, in: Zeitgeschichte-online, 01.09.2008, https://zeitgeschichte-online.de/portals/_rainbow/documents/pdf/terhoeven_raf_film.pdf [05.01.2024].

Terhoeven, Petra (2012): Germania e Italia nel »decennio rosso«: per un'introduzione; in: Christoph Cornelissen/Brunello Mantelli/Petra Terhoeven (Hrsg.): Il decennio rosso. Contestazione sociale e conflitto politico in Germania e in Italia negli anni Sessanta e Settanta, Bologna, 13–49.

Terhoeven, Petra (2014): Deutscher Herbst in Europa. Der Linksterrorismus der siebziger Jahre als transnationales Phänomen, München.

Terhoeven, Petra (2016): Der Intellektuelle als Revolutionär. Deutsch-italienische Radikalisierungen im »roten Jahrzehnt«, in: Axel Schildt (Hrsg.): Von draußen. Ausländische intellektuelle Einflüsse in der Bundesrepublik bis 1990, Göttingen, 211–233.

Terhoeven, Petra (2022): Die Rote Armee Fraktion. Eine Geschichte terroristischer Gewalt, 2. Aufl., München.

Terrorismus in der Bundesrepublik Deutschland. Eine Auswahl von Zitaten, zusammengestellt von der CDU-Bundesgeschäftsstelle, Hauptabt. Politik, Abt. Verb., Gewerkschaften, Parteien (1977).

Tolmein, Oliver (2002): Vom Deutschen Herbst zum 11. September. Die RAF, der Terrorismus und der Staat, Hamburg.

Tolmein, Oliver/zum Winkel, Detlef (1987): Nix gerafft. 10 Jahre Deutscher Herbst und der Konservatismus der Linken, Hamburg.

Tschirschwitz, Lars (2017): Kampf um Konsens. Intellektuelle in den Volksparteien der Bundesrepublik Deutschland, Bonn.

Varon, Jeremy (2004): Bringing the War Home. The Weather Underground, the Red Army Faction, and Revolutionary Violence in the Sixties and Seventies, Berkeley.

Waldmann, Peter (1998): Terrorismus. Provokation der Macht, München.

Weber, Reinhold (2013): Provokation mit Gewalt: Der Terror der Roten Armee Fraktion, in: Ders. (Hrsg.): Aufbruch, Protest und Provokation. Die bewegten 70er- und 80er-Jahre in Baden-Württemberg, Darmstadt, 9–33.

Weinhauer, Klaus (2004): Terrorismus in der Bundesrepublik der Siebzigerjahre. Aspekte einer Sozial- und Kulturgeschichte der Inneren Sicherheit, in: Archiv für Sozialgeschichte 44, 219–242.

Weinhauer, Klaus/Requate, Jörg/Haupt, Heinz-Gerhard (Hrsg.) (2006a): Terrorismus in der Bundesrepublik. Medien, Staat und Subkulturen in den 1970er Jahren, Frankfurt/M.

Weinhauer, Klaus (2006b): »Staat zeigen«. Die polizeiliche Bekämpfung des Terrorismus in der Bundesrepublik Anfang der 1980er Jahre, in: Wolfgang Kraushaar (Hrsg.): Die RAF und der linke Terrorismus. Bd. 2, Hamburg, 932–947.

Wieland, Karin (2006): Andreas Baader, in: Wolfgang Kraushaar (Hrsg.): Die RAF und der linke Terrorismus. Bd. 1, Hamburg, 332–349.

Winkler, Willi (2007): Die Geschichte der RAF, Berlin.

Wisniewski, Stefan (1997): Wir waren so unheimlich konsequent … Ein Gespräch zur Geschichte der RAF mit Stefan Wisniewski, 3. Aufl., Berlin.

Wolff, Robert (2023): Die »Abkehr vom Hitlerismus« als Neupositionierung einer bewaffneten antiimperialistischen Avantgarde?, in: Hendrik Puls/Fabian Virchow (Hrsg.): Rechtsterrorismus in der alten Bundesrepublik. Historische und sozialwissenschaftliche Perspektiven, Wiesbaden, 129–154.

Wolfrum, Edgar (2006): Die geglückte Demokratie. Geschichte der Bundesrepublik Deutschland von den Anfängen bis zur Gegenwart, Stuttgart.

Wunderle, Michaela (2006): Die Roten Brigaden, in: Wolfgang Kraushaar (Hrsg.): Die RAF und der linke Terrorismus. Bd. 2, Hamburg, 782–808.

Wunschik, Tobias (1997): Baader-Meinhofs Kinder. Die zweite Generation der RAF, Opladen.

Wunschik, Tobias (1999): »Abwehr« und Unterstützung des internationalen Terrorismus – die Hauptabteilung XXII, in: Hubertus Knabe (Hrsg.): Westarbeit des MfS. Das Zusammenspiel von »Aufklärung« und »Abwehr«, Berlin, 263–273.

Wunschik, Tobias (2007): Baader-Meinhof international?, in: Aus Politik und Zeitgeschichte 40–41, 23–29.

Abbildungsverzeichnis

Abb. 1: Stadtarchiv Karlsruhe 8/BA Schlesiger A34/131/5/13. ... S. 9
Abb. 2: picture-alliance/dpa/Volkmar Hoffmann. .... S. 21
Abb. 3: picture-alliance/dpa/DB. .... S. 36
Abb. 4: Stadtarchiv Karlsruhe 8/BA Schlesiger A26a/159/1/7. ... S. 45
Abb. 5: picture alliance/AP. .... S. 57
Abb. 6: Haus der Geschichte Baden-Württemberg 2001/1397. .. S. 115
Abb. 7: Stadtarchiv Karlsruhe 8/BA Schlesiger A33/116/2/42. ... S. 129
Abb. 8: picture-alliance/dpa/UPI. .... S. 141
Abb. 9: Privatbesitz. .... S. 152